숫자로 말하라

SUJI DE SHIMESE 3BYODE IMAGE SASETE AITE O UGOKASU GIJUTSU
by Yoshinori Sadai

Copyright © Yoshinori Sadai 2023
All rights reserved.
Original Japanese edition published by Subarusya Corporation, Tokyo
This Korean edition is published by arrangement with Subarusya Corporation, Tokyo
in care of Tuttle-Mori Agency, Inc., Tokyo through ERIC YANG AGENCY, Seoul

이 책의 한국어판 저작권은 EYA Co.,Ltd를 통해 Subarusya Corporation과 독점 계약한
매경출판주식회사가 소유합니다. 저작권법에 의하여 한국 내에서 보호를 받는 저작물이므로
무단 전재 및 복제를 금합니다.

숫자로 말하라

단숨에 상대의 마음을 사로잡는   숫자의 마법 26가지

사다이 요시노리 지음 **임해성** 옮김

매일경제신문사

"매일 야근하기도 힘든데 일이 끝이 안나."

"입사 동기들과 비교하면 업무능력에서 차이가 느껴져요."

"저는 열심히 일하는데, 팀장님은 제 노력을 인정해주지 않아요."

일과 관련된 이런 고민 중 95%는 숫자로 해결할 수 있다는 사실, 알고 계신가요? 이런 말을 들으면 아마 쉽게 믿을 수 없을 겁니다. 하지만 일을 하는 한, 숫자에서 벗어날 방법은 없습니다. 혹시 '숫자 따위 잘 몰라도 얼마든지 일은 잘 할 수 있다'고 생각하고 있을지도 모르겠습니다. 그럼에도 이 책을 선택한 이유는, 일할 때 정확한 수치로 표현하거나 말하는 스킬이 부족하다고 느꼈기 때문일 겁니다. 네, 바로 그 느낌이 맞습니다.

숫자로 말하지 않으면 업무에서의 기여도를 명확히 보여 줄 수 없고, 결국 연봉 금액의 절반 이상을 손해 보게 됩니다. 또한 자신도 모르게 성과를 달성할 기회를 포기하는 일이 생기거나, 동료들의 협조를 얻지 못한 채 혼자 일해야 할지도 모릅니다. 숫자로 말하지 못한다는 것, 그 자체가 큰 약점인 거지요. 숫자로 말하지 않으면 공동체의 목표를 달성하기 어렵고, 주변의 이해와 지지를 얻기 어려우며, 결론적으로 정당한 평가를 받지 못하게 됩니다.

그렇다면 왜 숫자로 말하는 것이 중요할까요? 돌려 말할 필요도 없이 숫자는 전 세계 비즈니스의 '공용어'이기 때문입니다. 언어가 달라도 숫자로 표현하면 지구상의 누구나 알아들을 수 있습니다. 실수 없이, 낭비 없이, 빠르게 의사를 전달할 수 있기 때문에 언어와 경험의 차이를 쉽게 극복할 수 있게 되는 것이죠.

숫자는 마치 두뇌를 복사하듯이 문제나 목표를 순식간에 시각화해 상대를 움직이게 만듭니다. 나아가 자기의 업무도 빠르게 끝낼 수 있는 가장 강력한 도구이지요. 숫자라는 '공통 언어'를 구사함으로써 높은 업무 성과를 내는 것, 이것이 바로 이 책의 목적입니다. 숫자는 전 세계의 공통 언어입니다. 그래서 숫자로 표현하고 말하는 것이 중요하죠. 하지만 많은 사람이 이처럼 당연한 숫자로 말하기를 실천하지 못하는 데는 이유가 있습니다.

첫째, 학교에서 배우는 수학과 업무 성과를 내는 숫자는 전혀 다릅니다. 숫자로 말하라고 해서 복잡한 수학 공식을 쓰라는 것이 아닙니다. 그야말로 누구나 알 수 있는 간단한 숫자를 활용하면 됩니다. 둘째, 숫자에 대한 잘못된 생각 때문입니다. 숫자는 반드시 정확해야 한다는 생각을 버려야 합니다. 마지막 세 번째는 성과를 내기 위한 실용적인 요령을 모르기 때문입니다. 결론부터 말하자면 초등학생도 알 수 있는 원칙만 익히면 됩니다. 숫자로 말하기에 있어서 가장 중요한 '언제', '얼마나', '몇 퍼센트'의 사용법을 알고, 숫자로 말하기 위한 '요령'과 '형식'을 익히면 끝입니다. 알고 나면 "이렇게 간단해도 되는 거야?"라며 놀랄 정도로 간단합니다.

이 책을 쓰는 저도 사실 어렸을 때부터 수학에 약해서 남들보다 3배는 노력해야 겨우 평균 수준이라 들을 정도였습니다. 학창 시절 럭비부에서의 패기와 근성을 인정받으며 유명한 대기업에 취직했지만, 배치된 부서가 하필이면 재무부였습니다. 그나마 일본에서 근무할 때는 상사의 지

시대로 일을 하면서 그냥저냥 버틸 수 있었지만, 입사 3년 차에 홍콩으로 발령받으면서 은행이나 거래처와의 모든 업무를 직접 처리해야 했습니다.

고군분투 하던 중에 갑작스레 아시아 외환위기가 닥쳤고 다시 혼란을 겪기 시작했습니다. 거래처 은행에다 현지 회사 상황을 정확하게 설명해야 하는 중대한 상황에서, 설득에 실패하여 결국 몇 십억 원의 대출을 당장 갚으라는 독촉을 받은 적도 있었습니다. 다행히 도쿄 본사에서 긴급 대응책을 펼친 덕에 최악의 상황은 피했지만, 자칫 잘못하면 '일본계 대기업 홍콩 지사 파산'이라는 기사가 신문 1면을 장식했을지도 모를 일이었죠.

이대로는 안 된다는 생각에, 다시 일본으로 돌아와 회사를 그만두고 공인회계사 학원에 다니기 시작했습니다. 그때 학원에서 작성한 이직 관련 설문지가 이후의 제 인생을 바꾸는 계기가 되었습니다.

취업 헤드헌터의 연락을 받고 찾아간 곳이 바로 '액센츄어(Accenture)'였습니다. 이곳은 전 세계 직원 수가 70만 명이 넘는 세계 최대 규모의 종합 컨설팅 기업입니다. 그날 마주했던 영국인 면접관은 이후 저의 직속 상사가 되었습니다. "너를 금융 전문가로 키워주겠다."라는 그의 말 한마디에 이직을 결심했지요. 하지만 그때는 몰랐습니다. 외국계 기업에서는 스스로 생각하고, 스스로 행동하고, 스스로 결과를 내는 것이 너무나 당연한 업무 수행 방식이라는 것을요. 일을 어떻게 해야 할지, 무엇을 시작해야 할지 모르겠어서 매일 언제 그만둘지만 고민하던 제가 겨우 얻은 해답이 바로 '숫자'로 말하는 것이었습니다.

자, 그럼 이제 이 책을 어떻게 활용하면 좋을지 알려드리겠습니다. 이미 '숫자'로 말하는 것이 당연하다고 생각한다면 이 책을 통해 업무의 핵심을 정확히 파악해서 성과를 더 극대화 할 수 있습니다. 만약 숫자로 말하는 것이 익숙하지 않다면, 이 책을 읽는 동안만이라도 '나는 숫자에 약하다'는 생각을 잊어봅시다. 아직 숫자로 말하기의 중요성을 인식하지 못했다면, 지금이 좋은 기회입니다. 이 책을 복사해서 붙여넣기 하듯 통째로 활용할 수 있을 겁니다.

더 많은 성과가 필요한 비즈니스 리더, 사회에서 생존할 수 있는 역량을 기르고 싶은 학생이나 창업자, 나아가 부하 직원이 성과를 낼 수 있도록 이끌어주고 싶은 경영자에게도 도움이 될 것입니다.

우리는 원하는 만큼의 성과가 나오지 않아 늘 불안과 절망에 시달립니다. 그럼에도 불구하고 계속해서 도전하는 당신을 돕기 위한 책입니다. 결과를 얻기 위해 몇 달씩 기다릴 필요도 없습니다.

"내일 프레젠테이션에서 꼭 OK를 받아야 한다."

"다음 주 계약 성사 여부에 따라 회사의 미래가 달렸다."

"오늘 오후에 있을 온라인 면접에 합격했으면 좋겠다."

이런 구체적인 목표도 좋습니다. 우선 눈앞에 당면한 도전 과제를 '숫자'로 극복해 봅시다. 그리고 최종적으로는 숫자의 마법을 평생 사용할 도구로 삼아봅시다. 목표와 행동을 숫자로 명확히 가시화하고, 최고의 실력을 갖춘 동료들의 협조를 끌어내는 겁니다. 그렇게 한다면, 최고의 성과를 내고, 그에 걸맞은 평가를 받게 될 겁니다. 이런 이상적인 비즈니스 라이프를 누릴 수 있는 사람이 바로 '숫자로 말하는 사람'입니다.

목차

4부

상대를 움직이는 숫자의 마법

일 하나라도 더 성공시키는 8가지 고급 마법

5부

숫자로 한 걸음 더 나아가라

인정받는 것을 넘어 숫자를 인생 파트너로 만들어야 하는 이유

1부

성과를 내려면

숫자로 말하라

회사에서 숫자로 말해야 하는 이유

01

애매모호한 말은 성과를 망친다

매일 반복되는 모호한 업무 대화

> 상황은 좋습니다. 문제없습니다.

> 느낌이 괜찮아. 힘내자고.

> 대박이 틀림없습니다.

> 뭔가 부족한데…

직장에서 한 번쯤은 들어봤을 법한 흔한 말입니다. 그러나 이런식의 대화가 한두 번이 아니라 매일 난무하는 직장이라면 조심해야 할 필요가 있습니다. 업무의 성과나 현재의 상태를 '애매모호하게' 말하고 있다는 증거니까요. 목표와 현재 상황이 불분명한 상황에서 일이 성공할 리는 없습니다. 숫자가 없는 애매모호한 업무에는 성과가 따르지 않으니까요. 마찬가지로 다음과 같은 표현도 주의해야 합니다.

잠깐만요.

시간 있으면…

최대한 빨리 부탁합니다.

급하거든요.

업무 성과를 내기 위해서는 명확한 시간 관리가 중요합니다. 하지만 예시처럼 상대방을 배려한답시고 시간을 '애매모호하게' 표현하는 경우가 많은데요, 세상에는 이렇게 구체적인 숫자로 말하지 않고 애매모호하게 말하는 사람들이 넘쳐납니다. 하지만 누구도 애매모호한 표현이 일의 성패를 가른다는 사실은 깨닫지 못합니다. 성과가 없어도 '애매모호'해서 눈치 채기가 어렵기 때문이죠.

숫자로 말하는 사람이 성과를 내는 이유

왜 대부분의 사람들이 '숫자'로 말하지 못하는 것일까요? 예전에는 군이 숫자로 말하지 않아도 성과를 낼 수 있었습니다. 지금까지 우리 사회는 지속적인 경제 성장 속에서 오랜시간 함께 앉아 일하며 인간관계를 구축해 왔습니다. 사무실에서 긴 시간을 함께 보내거나 술을 마시면서 상대의 마음을 헤아리며 분위기를 읽을 수 있는, '보이지 않는 공통 언어'가 자연스럽게 형성되어왔죠. 팀워크와 의기투합으로 분위기를 읽으면서 그 모호함을 충분히 메울 수 있었기 때문에 숫자로 말하지 않아도 성과를 낼 수 있었습니다.

그러나 현대의 급변하는 경영환경과 코로나를 계기로 그것도 더 이상 통하지 않게 되었습니다. 회사에서는 원격근무가 확대되면서 사내 동료들과는 대면할 기회가 줄었고, 한 번도 만난 적 없는 협력사나 고객사 사람들과도 원격으로 일해야 하는 상황들이 생겼습니다. 또 짧은 시간 안에 상대방에게 내용을 전달하고 움직이도록 설득하여 성과도 내야합니다. 그러기 위해서는 일의 목표와 해야 할 행동을 명확하게 전달하는 커뮤니케이션이 필요합니다. 그 수단이 바로 '숫자로 말하기'입니다.

구체적인 숫자로 말하지 않고

애매모호하게 말하는 사람들은 많지만

그것이 일의 성패를 가른다는 사실을

깨닫지 못한다.

02

숫자로 말하지 않으면
연봉의 절반을 잃게 된다

9개의 '없다'가 당신의 노력을 망치고 있다

당신은 일을 할 때 숫자로 말하고 있나요? "당연한 거 아냐? 그건 일의 기본이야."라고 말하는 사람이 있는가 하면, "중요한 건 알겠는데 잘 안 된다."라는 사람들도 많을 겁니다. 어쩌면 '숫자로 말하는 것' 자체를 평소 생각해 본 적도 없는 사람도 있을지 모르겠습니다.

중요한 점은 회사에서 숫자로 말하지 못하면 다음의 9가지 이유로 손해를 볼 수 있다는 것입니다.

숫자가 없으면 협조를 얻을 수 없다

먼저, 다음 세 가지가 일을 방해하기 때문에 주변의 협조를 얻지 못합니다.

① 전달력이 없다
숫자를 사용하지 않는 사람의 말은 구체성이 없기 때문에 상대방에게 잘 전달되지 않습니다.

② 이미지를 공유할 수 없다
함께 무언가를 진행하려고 해도 목표에 대한 이미지가 모호하면 타인과 공유하기 어렵습니다.

③ 들어줄 수 없다
한번 '당신 말은 무슨 소린지 잘 모르겠다'는 이미지가 생기면 상대방은 그때부터 이야기를 진지하게 들어주지 않게 됩니다.

숫자로 목표를 정하지 않으면 일이 끝나지 않는다

다음으로는 일이 끝나지 않을 겁니다. 위에서 언급한 세 가지 이유로 인해 일이 좀처럼 진행되지 않기 때문이죠.

④ 예측할 수 없다

숫자가 없으면 목표도, 진행 상황도 알 수 없으니 얼마나 많은 시간과 에너지가 소요될지 예측할 수 없게 됩니다.

⑤ 행동으로 옮길 수 없다

시간과 에너지가 얼마나 소요될지 모르고, 또 목표도 모르니 결국은 행동할 수 없게 됩니다. 목적지도 거리도 모른 채 마라톤을 시작하는 것과 같다고 볼 수 있죠.

⑥ 낭비를 줄일 수 없다

진행 방법과 기준이 없으니 일이 효율적으로 진행될 리가 없습니다. 여기저기서 받는 불필요한 일에 발목만 잡힐 뿐이지요.

숫자로 말하지 않으면 제대로 평가받지 못한다

게다가 평가도 잘 받지 못하게 됩니다. 설령 열심히 일을 끝냈더라도 다음 세 가지 이유로 그 노력을 제대로 평가하기 어려워지기 때문입니다.

⑦ 성과를 측정할 수 없다

영업은 매출 목표와 실적 수치 없이는 얼마나 성과를 냈는지 측정할 수 없습니다. 영업 이외의 분야에서도 목표와 실적 수치가 없다면 어림짐작으로 평가할 수밖에 없게 되죠.

⑧ 비교를 할 수 없다

인사 평가는 다른 사람과의 비교를 통해 이루어집니다. 하지만 평가의 잣대가 없으면 결과를 비교하는 것은 불가능한 일입니다.

⑨ 상사에게 설명할 수 없다

직속 상사가 평가에 관한 모든 권한을 가지고 있는 것은 아니지만, 상사 자신의 직속 상사나 인사 담당자에게 당신에 대한 평가를 설명하기 위해서는 반드시 숫자가 필요합니다.

즉, 숫자로 말하지 않는 사람은 주변의 협조를 얻지 못하고 혼자 힘으로 모든 업무를 헤쳐 나갈 수밖에 없습니다. 아무리 노력해도 일이 쉽게 끝나지 않게 되죠. 고생해서 일을 끝내도 상사나 주변 사람들에게 올바른 평가를 받지 못합니다. 대부분 그런 상황을 겪게 된 후에는 주변 사람들에 대한 불신과 불안, 그리고 불만만 남을 뿐입니다.

그러나 우리가 알고 있듯, 주변 사람들이 나쁜 것이 아닙니다. 물론 당신의 노력이 부족했던 것도 아니겠지요. 단지 숫자로 말하지 않았을 뿐입니다. 자기 자신이 숫자로 말하기에 익숙하지 않다는 것을 스스로 알고 있다면 그나마 다행일 겁니다. 실제로는 숫자로 말하지 않았다는 사실조차 자각하지 못하는 사람들이 훨씬 많습니다.

일 못하는 환경의 딜레마

- 결과가 예측이 안 된다
- 비교할 수 없다
- 상사를 납득시킬 수 없다

평가 되지 못한다

- 예상이 안 된다
- 따르게 만들 수 없다
- 헛일이 줄지 않는다

일이 끝나지 않는다

노력한 부분을 이해받지 못한다

- 이미지를 공유할 수 없다
- 들어주지 않는다
- 전달이 안 된다

03

숫자로 상대방을 움직이는 법

숫자는 상대의 머리와 가슴, 행동을 변화시킨다

다음 두 가지 상황을 가정해 봅시다. 상사가 아래와 같이 말했다면 마음이 움직이는 말은 어느 쪽인가요?

A 자격증을 취득하지 않으면 낮은 평가를 받게 되네.

B 올해 안에 이 자격증을 따면 자격수당과 별도로 보너스를 10만 원을 줄게.

B가 정답입니다. A와 같은 막연한 제안은 들으면 의욕이 생기지 않게 됩니다. 상사가 10만 원이라는 구체적인 금

액을 주겠다고 제안한다면, 어려운 자격증이라도 반드시 합격하고 싶다는 생각이 들지 않나요? 다음은 숫자로 말하지 않으면 발생하는 문제들입니다.

· 무엇이 문제인지 잘 모르겠다
· 현재 상황이 명확하지 않다
· 목표가 모호하다
· 어떤 행동이 필요한지 모르겠다
· 헛일이 될까 걱정이 된다
· 성공할 수 있을지 모르겠다

상대방이 나를 돕고 싶어도 정말 도움이 필요한지, 얼마나 많은 시간과 에너지가 필요한지 알 수 없기 때문에 선뜻 움직이기 어렵습니다. 상대방을 움직이게 하려면 다음 세 가지를 명확하게 전달해야 합니다.

① 문제(현재)

② 목표(미래)

③ 필요한 행동(내용, 양)

이 세 가지를 알려주면 상대방은 문제의 중요성을 이해하게 됩니다. 목표 실현을 위해 얼마나 많은 행동을 취해야 하는지도 알 수 있게 되죠. 또 행동해야 할지, 행동하지 말아야 할지도 판단할 수 있고요. 이처럼 숫자로 말하면 문제점과 해야 할 행동이 분명해지고, 미래의 이미지가 명확해집니다. 그때, 상대방의 마음이 움직이고 행동까지 나아갈 수 있게 되는 것이죠.

04

지금은 온택트(Ontact) 시대

변화하는 시대 속 비즈니스 언어로서의 숫자

온라인에서는 숫자를 사용하지 않으면 의사소통이 더더욱 어렵습니다. 최신 비즈니스 경향에서는 '분위기'라는 보이지 않는 공통 언어가 더 이상 통하지 않기 때문입니다. 다시 말해, "그 정도는 당연히 아는 거 아냐?"는 더 이상 통하지 않는다는 말입니다. 여러분들도 원격근무로 인해 부하직원이나 상사를 만나기 힘든 상황에 직면한 적 있지 않나요? 혹은 고객과 온라인 상담을 진행해야 하거나, 회사 면접을 원격으로 해야했던 상황도 있을 수 있겠고요.

어떤 경우이든 직접 만날 수 없는 상황이라고 해서 업무 성과가 없어도 되는 것은 아닙니다.

오히려 만나기 힘든 상황에서도 업무 성과를 내는 것이 당연하죠. 평소의 노력이나 팀워크는 보이지 않으니, 눈에 보이는 매출이나 이익으로 평가할 수밖에 없습니다. 좀처럼 야근하기 어려운 상황이라도 단기간에 성과를 요구하는 세상이니 말입니다.

협업에서 부족한 것, '공통 언어'

그렇다고 '원격'이라는 새로운 업무 방식이 항상 곤란한 일만 만드는 건 아닙니다. 이전에는 불가능했던 일이 새로운 당연함으로 자리 잡고 있으니까요. 예를 들어, 경치가 좋은 곳에 살면서 도시에 자리한 대기업이나 해외 지점 동료들과 협업하여 프로젝트를 진행할 수 있는 것처럼 말이죠. 그렇습니다. 이건 대단한 기회입니다. 물론 필요한 역량만 갖췄다면요. 새로운 시대에 필요한 것, 그것이 바로 '공통 언어'입니다. 원격 시대에 '공통 언어'를 익히면 나이, 언어, 문화가 다른 사람들과도 원활하게 소통하고 협력하면서 성과를 낼 수 있습니다. 그렇다면 여기서 말하는 공통 언어란 무엇일까요? 대부분은 글로벌 공용어인 영어를 떠올릴 겁니다. 그러나 사실 영어보다 더 강력한 세계 공통의 언어가 있습니다. 바로 '숫자'입니다.

특히 비즈니스 세계에서 숫자는 가장 강력한 공통 언어입니다. 너무 당연해서 새삼스럽게 무슨 말이냐고 할 수도 있습니다. 반대로 '어이쿠, 숫자만큼은 좀 봐 달라'고 할 수도 있고요. 그러나 단언컨대, 숫자로 말하는 것은 새로운 시대의 모든 직장인들에게 압도적으로 필요한 역량입니다.

일 잘하고 인격적으로 존경받는 사람이 다른 사람들을 이끌면서 성과를 냅니다. 그러기 위해서 필요한 것이 바로 이 '공통 언어', 즉 '숫자'이고요. 이 책에서 소개하는 바와 같이 숫자로 말하는 방법은 특별한 것이 아닙니다. 우리 직장인들이 숫자로 말하는 능력이 부족한 이유는 지금까지는 숫자 없이도 괜찮았기 때문입니다. 즉, 이 역량이 특별한 주목을 받지 못했을 뿐인 것이죠.

이 책을 읽고 숫자로 말하기 위한 요점을 익히고, 각각의 상황에서 실천해 봅시다. 그러면 온라인, 오프라인을 불문하고 업무에서 성과를 낼 수 있게 될테니까요.

일 잘하고 인격적으로 존경받는 사람이

성과를 내기 위해 필요한 것은

'숫자' 라는 공통언어이다.

05

숫자로 말하는 사람이
더 빨리 성장한다

속도와 협력, 평가에서 이미 승부는 결정된다

직장에서 숫자로 말하면 그렇지 않은 사람보다 몇 배나 더 많은 것을 얻을 수 있습니다. 그렇게 하면 일의 속도도, 얻을 수 있는 협력도, 받을 수 있는 평가도, 그렇지 않은 사람보다 월등하게 우위에 설 수 있기 때문입니다. 이 세 가지가 곱해지면 시너지 효과로 인해 연봉과 승진 속도에서 몇 배의 차이가 벌어지게 됩니다.

"숫자로 말한다고 그렇게나 차이가 난다고? 과장급쯤은 돼야 가능한 게 아냐?"

이렇게 생각할 수도 있겠지요. 그럼 구체적으로 속도,

협력, 평가 부분에서 숫자가 미치는 영향을 한번 살펴보도록 합시다.

어느 날, 두 명의 상사로부터 업무에 대한 지시를 받았다고 가정해 봅시다. 어떤 상사의 지시에 먼저 움직일까요?

상사 A 🔘 　시간 있을 때 해 줘.

상사 B 🔘 　내일 15시까지 해 줘.

정답은 상사 B입니다. '시간이 있을 때'는 언제까지나 찾아오지 않습니다. 여름방학 숙제에 8월 31일이라는 기한이 없다면 결코 끝낼 수 없었던 상황과 마찬가지죠.

또한, 숫자로 말하면 일의 진행 속도가 빨라지게 됩니다. 이번에는 두 명의 상사에게 다음 주에 있을 전시회의 고객을 모집해달라는 부탁을 받았다고 가정해봅시다.

상사 A 🔘 　다음 주 전시회, 고객 유치는 자네가 맡게! 열정과 근성을 한번 보여줘!

상사 B 🔘 　다음 주 전시회, 50명은 더 유치해야 하니까 고객 리스트 중에 안내 메일 500통을 발송해 줘.

이 역시 대부분의 사람들은 B 상사의 요청에 먼저 반응을 보일 겁니다. 특히 속도가 요구될 때에는 더더욱 숫자로 제안하는 것이 중요합니다.

협력도 지원도 쉽게 얻는다

다음으로, 숫자로 이야기하면 상대방이 공감하고 지원하기가 쉬워집니다.

자, 어느 날 당신이 두 명의 동료에게 업무를 지원해달라는 요청을 받았다고 가정해봅시다.

동료 A 🙂 큰일 났다, 어떡하지! 시간이 부족한데 좀 도와줄 수 있어?

동료 B 🙂 17시까지 언제든 30분만 자료 확인 좀 도와줄 수 있어? 내일 9시 회의 때 팀 예산 3,000만 원만 더 받고 싶어서 그래.

역시나 정답은 B입니다. 이처럼 숫자로 말하면 상대방에게 목적을 명확하게 전달할 수 있을 뿐만 아니라, 어떤 지원이 얼마나 필요한지도 명확해지기 때문에 지원을 쉽게 받을 수 있게 됩니다.

숫자를 이용한 평가는 강력하다

마지막으로, 숫자로 말하면 상대방의 선택을 받고 올바른 평가를 받습니다. 이번엔 당신이 해외 비즈니스를 담당할 직원을 채용하기 위해 면접을 보고 있다고 가정해 봅시다. 두 지원자의 스펙이 동일하다면 어떤 사람을 선택하고 싶나요?

A 씨 🔘 비즈니스 영어는 자신있습니다.

B 씨 🔘 TOEIC 930점입니다.

정답은 B입니다. 예시처럼 누군가를 선택해야 할 때, 숫자는 평가에 강력한 힘을 발휘합니다. 이 책을 쓴 저 역시 15개의 업무를 동시에 진행한 적이 있습니다. 홋카이도 히가시카와 마을의 재건축 사업을 비롯한 기업 및 자영업 분야에서 각각 5개씩의 일을 맡기도 했었죠. 숫자로 말하기 시작하면서 일의 속도가 빨라졌고, 동시에 동료들의 협력을 이끌어낼 수 있었기에 가능한 일이었습니다. 그 결과, 사람들에게 제대로 평가를 받게 되면서 언론에도 소개되었습니다. 이처럼 숫자로 말하면 그렇지 않은 사람에 비해 몇 배나 앞서 나갈 수 있습니다.

숫자로 말하는 사람은

일의 속도도,

얻을 수 있는 협력도,

받을 수 있는 평가도

그렇지 않은 사람보다 훨씬 우위에 있다.

06

왜 저 사람이 말하면
모두가 따르는 걸까?

동료들을 참여시켜 모두가 협업하게 한다

성과가 좋은 사람에게 업무가 집중되는 것은 어느 시대나 마찬가지입니다. 업무량이 과하게 주어지는 것은 그렇다 쳐도, 마치 '미션 임파서블' 같이 도저히 실현 불가능해 보이는 업무가 주어지더라도 해내야만 합니다. 그럼에도 불구하고 성과가 좋은 사람은 멈추지 않죠. 오히려 즐기듯이 생동감 있게 스스로 '미션 임파서블'에 뛰어들 겁니다.

당연히 성과가 좋은 사람도 혼자만의 힘으로 그 모든 어려움을 해결할 수는 없습니다. 동료들과 함께 해내야 하죠. 그러기 위해서는 가장 먼저 현재 직면한 상황을 알기 쉽게 풀어내고, 복잡하게만 보이는 문제의 본질을 누구나 알 수 있도록 단순하게 전달해야 합니다. 그 다음, 현재의 위치와 문제가 해결된 이후의 목표에 도달하기 위한 경로를 그립니다. 그리고 함께 경로를 밟아가기 위해서는 누가, 언제, 무엇을, 어떻게 해야 하는지를 구체적으로 공유하는 과정이 필수입니다. 이 과정을 완벽히 해냈다면 어느새 불가능해 보였던 일을 주변 동료들이나 팀 구성원 모두와 함께 해내고 있는 자신을 발견하게 되죠.

사람을 움직이고 협업을 이끄는 숫자

이런 어려운 상황을 극복하는 비결도 사실 '숫자로 말하는 것'이라 할 수 있습니다. 언제 실행 할지, 비용은 얼마인지, 어떤 결과가 나올 것인지 등 실현 가능성이 어느 정도인지를 숫자로 말하면 공통의 이해가 형성되고, 해야 할 일도 명확해집니다. 그러면서 성공할 가능성이 높아지게 되는 것이죠. 스스로 도전하고, 많은 사람을 끌어들여 '미션 임파서블'을 해결해 나가세요. 그러면 점차 리더 감으로 평가받고 더 큰 책임을 맡게 될 겁니다.

분야의 벽도, 나라의 벽도 넘어서는 '공통 언어'

제가 GE 그룹에서 근무하던 시절에도 수많은 '미션 임파서블'이 있었습니다. GE는 발명왕 에디슨이 만든 제너럴 일렉트릭(General Electric)의 약어로, 애플보다 먼저 시가총액 세계 1위를 달성하면서 최강 기업으로 불리던 회사입니다. 저는 그룹사인 GE 헬스케어 재팬에서 아시아 태평양 사업부 CFO를 맡고 있었습니다. 수십 명의 외부 업체 인력이 투입되어야 할 대규모 시스템을 도입하는 과정에서, 오직 사내 구성원만으로 프로젝트를 진행해본 적이 있습니다.

당시 프로젝트의 이름은 '하모니(Harmony)'였습니다. 부서와 국가를 넘어 모두가 어우러져 큰 목표를 이뤄내고자 하는 마음이 담긴 프로젝트명이었죠. 하모니는 전사 시스템이었기 때문에 IT뿐만 아니라 회계팀과 물류팀, 영업팀, 인사팀 등 각 부서의 구성원들이 대거 참여해야만 했습니다. 그러다보니 시스템을 구축하는 업무는 초심자가 대부분이었죠. 게다가 구성원들은 각자 소속된 부서별 개인 업무를 해내면서 동시에, 하모니 프로젝트도 진행해야 했습니다. 매일 같이 한국과 싱가포르, 태국, 호주 등 아시아 각국과 유럽, 인도 지점 직원들까지 합류해 온라인과 오프라인 할 것 없이 미팅하며 업무의 강도를 높여야만 했고요.

초심자가 대부분인 프로젝트를 개별 업무를 해내면서 국내·외 팀과 협력하고, 그 과정에서 발생하는 크고 작은 문제들까지 해결해야 하는 '미션 임파서블'과 같은 일이었습니다. 이런 어려운 상황에서도 동료들은 협력을 자처하며 생동감 있게 일해주었고 어느새 대부분의 인원이 프로젝트를 성공시키는 것에 진심이 되어 있었습니다. 그 원인이 바로 '숫자'였습니다. 기한이나 예산, 리스크와 같은 주요사항을 숫자라는 공통 언어로 소통함으로써 국가와 부서를 초월한 협력을 끌어낼 수 있었던 것이죠. 그 결과, 불가능해 보였던 프로젝트를 '미션 파서블'로 달성해냈습니다.

혹시 '나는 불가능하다'고 생각하나요? 절대 그렇지 않다는 것을 명심해두세요. '숫자로 말하는 것'은 초등학교 수준의 산수만 할 줄 안다면 누구나 이해할 수 있고, 업무에 활용할 수 있습니다.

'미션 임파서블'을 함께 해내기 위해서는

복잡한 문제의 본질을 누구나 알 수 있도록

숫자로 전달하는 것이 먼저다.

07

숫자는 조직규모와
상관없이 강력하다

숫자는 대기업만의 전략이 아니다

여기까지 읽고 나면 이렇게 생각하는 분들도 있을 겁니다. "결국 숫자로 말하는 건 대기업 리더나 숫자에 능통한 소수 직장인들만 가능한 이야기 아니야?"라고요. 하지만 대답은 'NO'입니다.

물론 매출이나 이익과 같이 숫자로 된 목표가 분명한 회사에서는 숫자로 말하는 것이 매우 중요합니다. 하지만 그것만이 전부는 아닙니다. 여기서는 회사가 아닌 한 조직의 사례를 소개하고자 합니다.

작은 마을이 숫자로 혁신을 이룰 수 있었던 이유

여러분은 쇼핑할 때 현금이 필요 없는 결제 서비스를 사용하나요? 일본에서는 PayPay, 라쿠텐페이, au PAY 같은 스마트폰 결제 서비스를 이용하는 사람들이 많습니다. 제가 살고 있는 인구 8,600명의 홋카이도 히가시카와 마을에서는 상황이 조금 다릅니다. 마을 매장마다 손님들이 결제를 위해 꺼내는 것은 스마트폰이 아닌, 어린이부터 노인까지 마을 주민의 80%가 이용하는 '히가시카와 유니버설 카드', 일명 '후크(HUC)'입니다. 이 카드는 마을에 있는 전 매장에서 전자화폐로 사용할 수 있을 뿐만 아니라, 마을의 자원봉사를 지원하거나 이벤트에 참가하면 체육관과 문화 갤러리를 이용할 때 포인트를 받을 수 있는 카드입니다. 일본어를 배우는 외국인 유학생들까지 매일 사용하고 있을 정도로 이곳에선 널리 쓰이고 있습니다. '고향납세' 제도(태어난 고향이나 응원하고 싶은 자치단체에 기부하면 세금공제를 받는 제도. 역자 주)를 통해 마을을 방문하는 사람마다 포인트를 제공하고 있습니다. 마을의 100개가 넘는 매장에서 사용할 수 있으며, 이 제도로 마을 경제에 미치는 효과는 적게 잡아도 100억 원이 넘습니다.

사실 히가시카와 마을 상점가에는 후크 이전에도 다른 포인트 카드가 있었습니다. 하지만 사람들이 잘 이용하지 않았죠. 매장에서 "포인트 카드 있으세요?"라고 물어보면 카드를 가지고 있는 사람조차도 "귀찮아서 안 써요"라고 대답하는 경우가 허다했습니다. 이 안타까운 포인트 카드 제도를 활성화시키기 위해 제가 의뢰를 받아 조사와 분석을 진행했습니다. 그 결과, 디지털을 활용해서 고객과 매장 모두에게 혜택을 줄 수 있는 '후크'라는 새로운 계획안이 나오게 된 겁니다.

저는 이 계획을 도입하면 마을 상가들은 물론, 마을 전체가 크게 달라지리라 확신했지만, 마을 주민들에게 디지털의 메커니즘을 이해시키기는 여간 쉽지 않았습니다. 게다가 기존 포인트 카드에 대한 기대치가 낮았다보니 그다지 협조적인 분위기도 아니었습니다. 그런 망조 속에서 마을의 책임자인 면장에게 프레젠테이션을 해야 할 날이 다가왔습니다. 워낙에 기존 포인트 카드를 이용하지 않는 상황인지라, '현실성이 없다'는 평가 속에서 이대로 무산될지도 모르겠다는 생각이 그때의 솔직한 심정이었습니다.

단 두 개의 숫자로 전국을 선도하는 마을이 되다

그러나 예상과 달리 면장은 이렇게 말했습니다.

"훌륭하군요! 꼭 우리 마을 전체가 이용할 수 있도록 노력해주십시오."

그리고 면장이 이어서 내뱉은 말 한마디가 마을의 미래를 바꾸었다고 해도 과언이 아니었습니다.

"올해 안까지 200곳에 도입해 주세요. 예산을 포함한 모든 것을 전폭적으로 지원하겠습니다."

면장의 말 한마디에 담긴 단 두 개의 숫자. '올해 안까지', 그리고 '200곳'. 이 단순하고 명확한 숫자를 목표로 상점가와 관공서를 비롯한 모든 관계자가 동참하여 움직이기 시작했습니다. 사람들이 동참하기 시작하면서 결국 전국적인 포인트 카드 제도의 실제 사례가 된 것이죠. 바로 이것이 숫자로 말하기의 모범사례이기도 합니다.

글로벌 기업에도, 작은 마을에도 필요한 '공통 언어'

선례로 들었던 GE같은 세계적인 기업과 홋카이도 히가시카와 같은 작은 마을은 장소와 규모뿐만 아니라 조직의 목표도 완전히 다릅니다. GE는 회사의 성장이나 이익을, 히가시카와는 사람들이 살기 좋은 마을로 만드는 것이 목표이지요. '글로벌 기업에서는 숫자로 일하는 것이 당연한 일상이겠지만, 지방에서는 과연 그럴까?'라는 의문이 들 수도 있습니다.

실제로 후크를 도입하고 나서 상가나 행정 부서에서 일하는 사람들과 숫자로 말할 기회가 많아졌습니다. 이전에는 논의가 제대로 마무리되지 않거나, 어떤 행사를 해도 성과를 측정하지 못하고 끝나는 경우가 많았다고 합니다. 그러다가 공식적으로 '숫자'라는 공통 언어가 생기면서 같은 방향을 바라보고, 더 나은 미래로 나아가기 위한 구체적인 잣대로 판단할 수 있게 된 것이죠. 즉, 숫자로 말하면 목표를 구체적으로 이야기할 수 있고, 필요한 행동이 무엇인지 전달되고, 사람을 움직이게 만들면서 결국 성과가 나오게 됩니다. 이 사실은 장소나 규모, 목적이 확연히 다른 글로벌 기업이나 작은 마을 모두 마찬가지입니다. 물론 국내 기업에서 일하거나 직접 사업을 하는 경우에도 동일합니다.

숫자로 잘 표현한다는 것은 자기스스로만 성공한다는 뜻이 아닙니다. 일하는 동료나 직원들도 함께 성공할 수 있도록 만듭니다. 그렇다고 어려운 숫자만 늘어놓는다고 해서 성과가 나오는 것이 아니라는 것쯤은 이미 파악하고 있으시리라 생각합니다. 다음 장에서는 복잡한 숫자가 아니라 간단한 숫자로 성공하는 비결을 알려드리겠습니다.

"결국 숫자로 말하기는 대기업 리더나

숫자에 능통한 소수 직장인들 이야기 아니야?"라고

생각할 수 있지만,

대답은 'NO'다.

2부

상대를 공략하는

숫자의 마법

누구나 시작할 수 있는 8가지 초급 마법

나의 비즈니스 강점과 약점을 알 수 있는 숫자 체크리스트

"평소에 숫자로 말하고 있습니까?"

이 질문을 받았을 때, 숫자로 말하고 있는지를 스스로 판단하기란 좀처럼 쉽지 않습니다. 그렇다면 여기서 간단한 체크리스트를 작성해 봅시다. 다음과 같은 상황에서 여러분이 말한다고 가정했을 때, '어느 쪽에 가까운가'를 직관적으로 선택해 보세요. 상사나 부하직원, 혹은 동료나 가족들과 함께 해보는 것도 좋습니다.

현재 나는 얼마나
숫자로 말하고 있을지 체크해보자!

------------------------------------- 언제 -------------------------------------

1. 한 주간의 일정을 말할 때

a) 이것은 서둘러야 하고, 저것은 시간이 있을 때 하면 되고, 그 다음에, 음….

b) 월요일 3시에 A 방문, 목요일 5시까지는 자료를 제출하겠습니다.

2. 점심이 맛있었을 때

a) 맛있었어요. 다음에 또 오겠습니다.

b) 맛있네요. 다음 주 토요일에 가족들과 함께 오겠습니다.

3. 오늘 몇 시에 퇴근하나요?라고 물으면

a) 가능한 한 빨리 끝낼 생각입니다.

b) 오늘은 6시까지 끝낼 겁니다.

4. 일을 부탁할 때

a) 시간 있을 때 해 주세요.

b) 내일 오전 11시까지 부탁드립니다.

5. 업무 지시를 받았을 때

a) 알겠습니다. 열심히 하겠습니다.

b) 오늘 17시에 제출해도 될까요?

6. 약속한 기한까지 일이 끝나지 않았을 때

a) 죄송합니다. 빨리 끝내겠습니다.

b) 죄송합니다. 늦어도 30분 안에 제출하겠습니다.

7. 상사나 동료와 상담하고 싶을 때

a) 잠깐만요, 상담을 좀 하고 싶은데요.

b) 15분만 시간 좀 내줄 수 있나요?

8. 사장님이 엘리베이터 안에서 갑자기 요즘 어때? 라고 툭 던지며 묻는다면

a) 아~ 바쁩니다. 그래도 나름 열심히 하고 있습니다.

b) 덕분에 잘되고 있습니다. 이번 주에 15분 정도 보고할 시간 내주실 수 있으실 까요?

-- **얼마** --

9. 지금 돈이 얼마나 있느냐고 물었을 때

a) 아니, 얼마 안 갖고 있는데요.

b) 2만 5천 원 정도 가지고 있습니다.

10. 구매나 일의 전망을 물었을 때

a) 좋게 잘 마무리될 것 같습니다.

b) 합계는 300만 원, 높게 잡아도 350만 원입니다.

11. 상대방에게 예산을 말할 때

a) 맡기겠습니다. 견적 잘 좀 부탁드릴게요.

b) 예산은 500만 원에서 플러스 마이너스 30만 원으로 부탁드립니다.

12. 자신의 업무 목표를 말할 때

a) 올해는 최선을 다해 회사에 기여하겠습니다.

b) 올해 목표는 작년보다 계약 건수를 20% 늘리는 것입니다.

13. 이야기의 중요한 포인트는?

a) 이건 정말 중요해요. 아, 그리고 이것도 중요합니다.

b) 중요한 포인트는 세 가지입니다. 첫 번째는….

14. 몇 개가 필요합니까? 라고 물으면

a) 적당히 주세요.

b) 3개 필요합니다.

15. 회의 자료를 작성해 달라고 했을 때

a) 알겠습니다. 적당히 만들어 보겠습니다.

b) 12페이지 정도면 되겠습니까?

16. 크라우드 펀딩을 시작할 때

a) 돈이 부족하니 크라우드 펀딩을 해 봐야겠다. 일단 돈을 모으자!

b) 크라우드 펀딩으로 500만 원을 모으자!

17. "내일 날씨는 어때요?"라고 물으면

   a) 비가 올 것 같네요. 퇴근길에 비 오는 건 너무 싫은데….

   b) 오후 3시부터 강수확률이 60%니까 우산이 필요해요.

18. "어제 일은 잘 됐어?"라고 물으면

   a) 완벽했습니다!

   b) 90점이었습니다. 저녁 약속을 잡을 수 있었다면 100점이었을 겁니다.

19. 일의 계획이나 미래에 대해 이야기할 때

   a) 잘될 것 같습니다. 다들 열심히 노력하고 있습니다.

   b) 실현 가능성은 75%입니다. 부장님이 도와주신다면 95%까지는 가능할 것 같습니다.

20. "이 신제품 어때?"라고 묻는다면

   a) 요즘 제일 인기 있어요. 강력 추천합니다.

   b) 이전 제품에 비해 속도가 30% 더 빨라졌습니다.

21. "고객의 반응은?" 이라는 질문에

   a) 완벽합니다. 다들 엄청나게 감동한 모습이더군요.

   b) 350명에게 설문조사를 했는데 90%의 만족도를 보였습니다.

22. 인사 평가 결과를 전달할 때

a) 조금만 더 노력하면 A등급을 받을 수 있을 것 같습니다.

b) 동기 중 상위 10%의 성적을 내면 평가 A입니다.

23. 내년 목표를 이야기할 때

a) 내년에도 열심히 노력하겠습니다.

b) 내년에는 올해보다 20% 향상 목표를 달성할 것입니다.

24. 저렴함을 강조하고 싶을 때

a) 가격이 많이 내렸습니다.

b) 정가 대비 30% 할인가 입니다.

결과

언제		얼마		몇 퍼센트	
[목록 1~8]		[목록 9~16]		[목록 17~24]	
a)	개	a)	개	a)	개
b)	개	b)	개	b)	개

합계 :　　 a)　　　 개　　　 b)　　　 개

우선 b)의 합계로 여러분이 얼마나 '숫자'로 말하고 있는지 알 수 있습니다.

0~4개: '숫자'를 통해 100% 성장 가능!

당신은 '숫자의 마법'을 익히면 성장할 가능성이 100%. 이 책을 가장 많이 활용할 수 있다는 뜻입니다. 스스로 '평소 일의 성과가 나오지 않는다'고 고민하고 있지는 않나요? 그렇다면 1부를 먼저 읽어보세요. 숫자로 말하는 사람과 그렇지 않은 사람의 차이를 알 수 있을겁니다. 그리고 2부에서 마음에 와닿는 법칙을 골라 바로 업무에 활용해 보세요.

5~9개: 가끔씩 '숫자'로 말하는 초심자

혹시 숫자로 말하는 것을 어려워하고 있진 않나요? 숫자로 말하기가 중요하다는 것을 어렴풋이 느끼고 있지만, 한 걸음 내디딜 용기는 내지 못하는 상태입니다. 하지만 괜찮습니다. 자신감을 가지세요. 이 책을 읽고 있는 당신은 이미 숫자로 말하는 미래로 한 걸음 더 나아간 셈이니까요. 숫자로 말하기를 시도하다가 실패를 경험했거나, 숫자를 왠지 모르게 어려워하는 당신. 이 책은 그런 당신을 위한 책입니다. 1부를 읽고 2부의 초급용 마법부터 익히면 숫자로 말하는 문턱이 단숨에 낮아질 수 있습니다.

10~14개: 꽤 '숫자'로 말할 줄 아는 중급자

스스로 깨닫지 못하고 있겠지만, 당신은 직장에서 숫자로 말하는 방법을 몸소 실천하고 있는 사람입니다. 숫자로 말하는 법을 조금만 더 의식적으로 활용한다면 업무 성과가 훨씬 높아질 겁니다. 먼저, 3부를 자신의 상황에 빗대어 읽어보고, 숫자로 말하는 상황과 그렇지 않은 상황을 체크해 보세요. 그런 다음, 2부의 마법을 활용하면 어렵지 않게 숫자로 말하는 방법을 더 많이 터득할 수 있습니다. 결과적으로, 업무 성과가 향상되고 긍정적인 평가를 받을 수 있을 겁니다.

15~19개: 자주 '숫자'로 말하는 상급자

필수 스킬을 제대로 익혀 숫자로 말하는 당신. 하지만 주변에서 "숫자만 맞다고 다 되는 게 아니야.", "숫자로는 나눌 수 없는 경우도 있어."라는 식의 이해하기 어려운 말을 들은 적은 없나요? 이 책의 주제는 숫자를 '공통 언어'로 사용하는 것입니다. 그러기 위해서는 숫자로 말하지 않는 상대방에게도 숫자라는 공통 언어를 이해시킬 필요가 있습니다. 숫자로 말하는 것이 익숙하지 않은 상대를 어떻게 움직일 수 있을까요? 2부 초급용 마법에서 1번 숫자의 마법과 2번 숫자의 마법, 이 두 가지를 상대방에게 알려주는 것만으로도 충분히 효과가 있습니다.

20~24개: 항상 '숫자'로 말하는 달인

이미 당신은 숫자로 말하는 직장인으로서 회사에서 **훌륭하게 활약**하고 있겠군요. 더 높은 곳을 향해 나아가고자 하는 당신의 열망에 경의를 표합니다. 주변에서 숫자로 말하지 않아 손해를 보고 있는 사람들에게 모범이 되어 주기를 바랍니다. 이 책의 1부는 숫자로 말하는 법의 장점을 이해하는 데 도움이 됩니다. 2부는 숫자로 말하는 간단한 요령을 익힐 수 있고요. 동료 직원들이나 부하 직원들 모두가 숫자로 말하고, 팀워크를 발휘하여 압도적인 성과를 낼 수 있도록 이 책을 활용해 보세요. 숫자로 말하는 당신의 강점이 리더십의 실천과 업무의 성장에 활용되기를 바랍니다.

✦

이어서 '강점과 약점' 부분을 살펴봅시다.

b)의 숫자가 많은가 적은가에 따라 당신의 강점과 약점을 알 수 있습니다.

질문 1~8 '언제'

b)가 많은 사람

강점 시간 관리 및 스케줄 관리, 순발력 또는 지구력이 높음.

b)가 적은 사람

주의점 지각과 야근이 빈번하고 기한을 지키지 못함.

질문 9~16 '얼마나'

b)가 많은 사람

강점 예산 관리를 잘하며 가격 협상력과 구체성이 뛰어남.

b)가 적은 사람

주의점 너무 싸게 팔거나 너무 비싸서 팔리지 않는다. 남거나
부족함.

질문 17~24 '몇 퍼센트'

b)가 많은 사람

강점 리스크 관리와 위기 대응력이 출중함. 유연성을 갖췄음.

b)가 적은 사람

주의점 돌발 상황에 대응하지 못함. 우왕좌왕하는 경우가 많다.

어땠나요? 평소 숫자로 말하는지 여부뿐만 아니라 어떤
상황에서 숫자로 말하는가에 따라, 당신의 비즈니스 강점
과 주의점이 드러나게 됩니다. b)가 적다고 해서, 혹은 강
점이 적다고 해서 실망할 필요는 전혀 없습니다. 체크리스

트는 어디까지나 현재 자신의 위치를 확인하는 용도일 뿐이니까요. 중요한 것은 앞으로 숫자로 말하는 능력을 어떻게 키워나가는가 입니다.

지금부터 소개할 26가지 숫자의 마법을 아는지의 여부에 따라 업무 성과에서 압도적인 차이를 만들 수 있습니다. 그럼 숫자로 말하는 3가지 포인트 '언제', '얼마나', '몇 %'에 앞서 간단한 숫자로 말하기의 대원칙을 소개하겠습니다.

단순한 숫자로 말하라

3초 안에 이해되지 않는 숫자는 효과가 없다

군만두가 전 세계 1억 명을 미소 짓게 한다

우유보다 10배나 많은 단백질을 함유한 식물

이 두 문장을 보면 어떤 느낌이 드나요?

사실인지 바로 알 수는 없더라도 3초만 지나면 "대단하구나." 혹은 "보통이 아니구나."라는 이미지가 떠오르지 않나요? 제시한 두 문구는 모두 제가 지원한 사업을 설명한 글입니다. 전자는 홋카이도 현지 식재료를 사용해서 만든 군만두 가게의 주인이 내건 미션 스테이트먼트(Mission Statement)이고, 후자는 방글라데시에서 온 대학생 연구원이 모국의 영양 부족 문제를 반드시 해결하겠다며 연구한 부평초(개구리밥을 말린 약초. 편집자 주)에 대한 설명입니다. 3초 만에 상상 가능한 이 문구는 팀원뿐만이 아니라 기업이나 행정 기관 등 여러 사람들의 마음을 움직였습니다. 이처럼 심플한 숫자는 누구나 상상하기 쉽고, 기억에 잘 남습니다.

이직의 결정적 계기가 된 '1'

저는 '압도적 1위'라는 광고성 멘트에서 단순한 숫자 '1'에 이끌려 이직을 결정했습니다. 이전에 근무하던 회사가 오랫동안 업계 3위만 유지하다가 GE 그룹에 매각되어서 그런지 1등이라는 숫자에 강하게 끌렸지요. 당시 저는 GE에서 정밀 화학 사업부의 실리콘 부문에서 일하고 있었습니다. 실리콘은 샴푸와 유연제뿐만 아니라 반도체와 자동차, 건설, 식품 등 사회 전반에 걸쳐 사용되고 있는 주요 소재이지요. 그만큼 사업은 계속 성장하여 높은 수익률을 기록했고, GE 그룹 내에서도 우등생 같은 존재였습니다. 그런데 갑자기 모든 것이 바뀌었습니다. 어느 날 아침, 사장이 갑작스러운 발표를 하게 되면서 말입니다.

"우리는 이제부터 GE 그룹이 아닌 새로운 회사가 된다."

머릿속이 새하얗게 변했습니다. GE는 전 세계적으로 다양한 사업을 전개하고 있는 복합기업입니다. 20세기 '전설적인 경영자'로 불리는 잭 웰치(Jack Welch)는 GE의 기존 사업을 성장세로 만들었을 뿐만 아니라 M&A, 즉 기업 인수합병을 연이어 진행했습니다. 그 과정에서 우리가 주목해야 할 단순한 숫자의 기준이 하나 있습니다. 바로, '1등'과 '2등'이었죠.

"GE는 세계에서 가장 경쟁력 있는 기업이 될 것입니다. 그러니 모든 시장에서 1등 또는 2등만이 우리와 함께 가야합니다. 그럴 가능성이 없는 사업은 정리하거나 매각할 것입니다."

또한 "3위 이하이거나 경쟁에서 이길 가능성이 없는 사업은 아무리 애착이 있고, 역사가 깊어도 포기한다."라고 덧붙였죠. 잭은 단순한 숫자를 기준으로 GE를 세계 최강으

로 만들고자 했습니다. '1등 아니면 2등만'이라는 잣대에서
는 아무리 성장률과 이익률이 높더라도 예외가 없었던 겁
니다. 결국 업계 3위였던 GE의 실리콘 사업은 미국의 한
투자회사에 인수되었습니다. 하지만 언뜻 보기에 큰 변화
는 없었습니다. 같은 사무실, 같은 동료들, 심지어 업계 3
위였지만 회사는 꾸준한 성장세를 보였고 수익률도 상승세
였죠. 동료들도 좋았고, 저 자신도 사내에서 인정받으며 안
정된 미래가 보였습니다. 그로부터 1년 반이 지난 어느 날,
GE 시절 선배의 소개로 GE헬스케어 초음파사업부의 사업
부장을 만났습니다. 그는 제게 이렇게 말했습니다.

> "현재 우리는 업계 1, 2위를 다투고 있지만, 앞으로는 압도적인 1위가
> 될 거라네. 그러기 위해서는 함께 사업을 이끌어갈 수 있는, 숫자에
> 강한 파트너가 필요해."

당시 제 밑으로는 신뢰할 수 있는 부하직원이 15명이나
있었고, 일을 잘한다는 평가와 더불어 저의 미래도 안정적
이었습니다. 하지만 회사는 여전히 업계 3위를 유지하고 있
었죠. 새로운 직장은 한두 명의 부하직원과 여태 경험한 적
없는 업무, 그리고 한 치 앞을 내다볼 수 없는 환경에 놓여
있었습니다.

하지만, 압도적인 업계 1위가 될 가능성이 있었던 거죠. 솔직히 정말 많은 고민을 했지만 결국 '압도적 1위'라는 숫자에 이끌려 새로운 선택을 했습니다. 사업부를 책임지는 리더의 파트너 격인 CFO의 업무는 단순히 숫자 관리와 보고에 그치지 않았습니다. 전 세계 동료들과 함께 제조 및 물류, 영업 부분에서 프로젝트를 추진하며 비즈니스를 성장시켜야 하는 자리였죠. 전 세계 의료계에 큰 반향을 일으킨 스마트폰 크기의 초음파 기계 에코(Echo)와 브이스캔(Vscan)의 출시도 그 업무 중 하나였습니다. 제가 이직한 이듬해, 회사는 마침내 압도적인 차이로 동일 분야 1위를 달성하게 되었습니다.

단순한 숫자는 쉽게 연상할 수 있다

'1'이라는 숫자는 비즈니스에서 매우 강력한 힘을 가지고 있습니다. 이보다 더 단순한 숫자는 없기 때문이죠. 숫자 1과 마찬가지로 '온리 원(Only One)'도 사람의 마음을 움직입니다. 물론 사람을 움직이는 단순한 숫자는 '1'만이 아닙니다. 예를 들어, 100이라는 숫자도 '100엔숍, 100대 한

정, 100% 안심'처럼 일상에서 쉽게 연상할 수 있는 숫자입니다. 단순함과 동시에 '백과사전'이나 '일당백'처럼 큰 숫자라는 이미지도 함께 가지고 있습니다. 비즈니스 현장에서는 정확하고 정밀한 숫자가 필요하다고 생각하기 쉽지만 사실은 그렇지 않은 경우가 많습니다. 자세한 내용은 다음 장에서 다뤄보겠습니다.

3초 만에 이미지로 사람을 움직여라

1억 명을
미소 짓게

우유 10배의
단백질 함량

단순하고 연상하기 쉬운 문구

1이나 100에는 강력하게 끌리는 힘이 있다

3초 만에 상상할 수 있는 문구는

팀원과 기업, 행정기관의 마음까지 움직인다.

심플한 숫자는 상상하기 쉽고

기억에 잘 남기 때문이다.

숫자의 마법 02

3가지의 숫자 포인트만
있으면 된다

'언제, 얼마나, 몇 퍼센트'를 제시하면 상대는 움직인다

비즈니스에서는 대부분의 결과를 숫자로 표현할 수 있습니다. 하지만 필요 이상으로 숫자로 표현하면 역효과가 날 수 있습니다. 숫자가 늘어날수록 판단해야 하는 소재가 많아지며, 그로인해 상대가 혼란을 느낄 수 있기 때문이죠. 앞선 내용에서 다뤘듯, '간단한' 숫자로 말하는 것이 포인트였습니다.

숫자로 말하기의 목적은 상대를 움직이게 만드는 것입니다. 그러니 꼭 필요한 숫자만 다뤄야하는 것도 중요한 포인트이고요. 그 필요한 숫자가 바로 '언제(시간), 얼마나(돈과

양), 몇 퍼센트(가능성)'입니다. 이 세 가지 포인트를 제시하면 상대방은 움직일지 말지를 선택할 수 있게 됩니다.

상대방이 판단하기 쉬워진다

예를 들어, 팀장님에게 예상 매출을 보고하고 이를 위한 예산을 신청하는 상황을 가정해봅시다.

> "2주(☜언제) 세미나 연수 비용 150만 원(☜얼마나) 승인 부탁드립니다. 연수 후 11월(☜언제)까지 매출 목표 1억 5천만 원(☜얼마나)을 90%(☜몇 퍼센트) 달성해보겠습니다."

동료에게 도움을 요청하는 경우

> "오늘 5시(☜언제)까지 데이터 점검 50건(☜얼마) 도와주시겠어요? 도움 주시면 고객 클레임은 100%(☜몇 퍼센트) 피할 수 있어요."

고객에게 캠페인을 제안하는 경우

> "이 신제품은 이번 주(☜언제)에 주문하면 30% 할인된 7천만 원(☜얼마나)에 가능합니다. 단, B사도 주문 검토 중인데 80%(☜몇 퍼센트) 확률로 주문이 들어올 것 같고, B사가 주문을 확정하면 다시 정가로 판매할 예정입니다."

이 말을 들은 상대방은 자신이 언제, 얼마나 행동해야 하는지, 또 어느 정도의 결과가 얼마만큼의 가능성이 있는지를 알 수 있습니다. 움직일지 말지를 비교하고 판단하기 때문에 상대가 행동을 취하는 것이죠. 하지만 평소에 숫자로 말하지 않거나 말하려고 의식하지 않는다면, 단순한 숫자로 말하는 것 자체는 쉽지 않습니다. 그래서 다음으로는 '언제', '얼마나', '몇 퍼센트'를 숫자로 바꾸는 요령을 소개하겠습니다.

**'언제, 얼마, 몇 퍼센트'를
숫자로 말할 수 있으면 OK!**

2주간(☎언제)의 출장 여비 150만 원(☎얼마나)
승인 부탁드립니다.
11월(☎언제)까지 매출목표 1억 5천만 원(☎얼마나)은
90%(☎몇 퍼센트) 가능합니다.

**언제(시간), 얼마(돈이나 금액), 몇 퍼센트(가능성)를 알면
상대는 움직인다!**

일을 방해하는 표현은 버려라

업무를 방해하는 말 1위, '잠깐만요'

'시간'이라는 말을 숫자로 바꾸는 것만으로도 상사의 짜증이 줄고, 야근이 줄고, 시간 낭비가 줄어듭니다. 그러면 업무 성과는 높아지지요. 예를 들어, 상사와 상담을 원할 때 이렇게 말한 적이 있지 않나요?

> 죄송합니다, 부장님. 잠깐만 시간 좀 내주실 수 있나요?

바로 여기에 업무를 방해하는 말 1위가 숨어 있습니다. 바로 '잠깐만'입니다. 반대로 "잠깐 시간 좀 있으세요?"라는 말을 들으면 어떤 느낌이 드나요? 5분 정도면 되겠지 싶어 하던 일을 중단하고 대응했다가 2시간이나 지난 경험이 있지는 않나요? 당신의 '잠깐만'은 어느 정도인가요? 30초? 아니면 15분, 혹은 3시간?

숫자로 말하는 첫 스텝은 '시간'이라는 단어를 숫자로 바꾸는 것입니다. 시간은 비즈니스에서 가장 중요한 것이자, 지구상의 인류가 모두 평등하게 가지고 있는 유일한 자원입니다. 아무리 비즈니스에 성공한 사람이라도 하루를 25시간으로 만들 수는 없는 노릇이죠. 그래서 숫자들 가운데 특히 시간은 '공통 언어'가 되기 쉬운 소재입니다.

'잠깐 시간 괜찮아?'를 효과적으로 바꾸는 방법

방법은 간단합니다. '잠깐'이라는 모호한 표현을 머릿속에 떠올려, 예상한 시간으로 바꾸기만 하면 됩니다.

> 죄송합니다, 부장님. **15분 정도** 시간 있으실까요?

만약 반대로 "잠깐 시간 괜찮아요?"라는 말을 들으면 어떻게 하는 게 좋을까요? 간단합니다. 똑같이 숫자로 바꿔서 대답하면 됩니다.

> 네, **15분 정도라면** 괜찮습니다.

가능하다면 15분의 이유도 덧붙여서 설명하면 더욱 설득력이 높아집니다.

> **3시부터 온라인 고객 면담이 있어서**
> 15분 정도라면 괜찮습니다.

업무를 방해하는 말 2위, 'ASAP'

'ASAP(as soon as possible, 가능한 한 빨리)'도 '잠깐만'에 이어 업무를 방해하는 대표적인 표현입니다. 상대가 바쁠 거라 생각하고 기한을 애매모호하게 표현하면 소통은 더 어려워지게 됩니다.

> △△△씨, 최대한 빨리 이 보고서를 제출해 주세요.

만약 위와 같이 말했었다면 내일부터는 이렇게 바꿔서 말해봅시다.

> 🔘　△△△씨, **이번 주 금요일 오전 10시까지** 이 보고서 부탁해요.

만약 상대방이 눈치를 본다면 추가적으로 다음과 같이 이어가는 것은 어떨까요.

> 🔘　다른 일로 바빠서 마감일이 힘들 것 같으면, **언제쯤이 괜찮나요?**

반대로 'ASAP'로 부탁을 받는다면 다음과 같이 대답해서 'ASAP'를 숫자로 바꾸어 봅시다.

> 🔘　○○씨, 알겠습니다. **내일 11시까지** 제출해도 될까요?

시간을 숫자로 바꾸면 줄일 수 있는 3가지

시간을 숫자로 바꾸면 다음의 불필요한 3가지 상황을 줄일 수 있습니다.

❶ 상사의 짜증

'최대한 빨리'를 외치는 팀장님은 사실 그동안 자신의 상사나 고객을 기다리게 하고 있는 중인지도 모릅니다. 당신의 보고서가 언제 완성될지 걱정하면서 상사나 고객의 독촉이 오지 않기를 기도하고 있을 수도 있고요. 그렇기 때문에 완료 예정 시간을 숫자로 말하기만 해도 상사의 짜증을 줄일 수 있습니다.

❷ 당신의 야근

다른 급한 일이 있음에도 불구하고 상사의 지시라면 어쩔 수 없이 그 일을 먼저 하게 됩니다. 야근을 하고 다음 날 아침 일찍 제출했는데, "1주일 뒤에 줘도 되는데."라는 말을 듣고 실망한 적이 있지 않나요? 마감일을 숫자로 확인하는 것만으로도 야근을 줄일 수 있습니다.

❸ 시간 낭비

잠깐만 오라고 해서 회의실로 불려갔는데, 잡담만 늘어놓을 뿐 좀처럼 본론으로 들어가지 않거나, "그러고 보니….", "그래, 어쩐지….."라는 식으로 이야기가 흘러가면서 허송세월을 보내게 됩니다. 회의도 '몇 시 몇 분까지'로 미

리 정해 놓으면 포인트에 집중하기가 수월해집니다. 이처
럼 '언제'를 숫자로 말하면 일의 성과가 높아집니다.

시간을 숫자로 명확하게 전달하는 것이
'숫자로 말하기'의 첫걸음

A: 잠깐 괜찮아? (얼마나 걸릴지 모르지만)
B: 잠깐이라면······ (5분 정도?)
B: (2시간이나 걸리다니.)

'잠깐'의 인식은 사람마다 다르다!
숫자로 대체하자

A: 15분 정도 괜찮습니까?
B: 15분이면 괜찮아!

A: 잠깐 괜찮아?
B: 15시부터 회의라서 15분 정도면 가능해.

시간을 숫자로 바꾸면 줄어드는 3가지 일들

① 상사의 짜증
② 당신의 야근
③ 시간 낭비

'얼마나'를 명확히 해야
결과가 달라진다

'얼마나'를 모르면 목표를 설정하지 못한다

'얼마나'를 숫자로 명확하게 말한다면 수입이 늘어납니다. 고객은 '얼마나' 지불해야 하는지 모르면 구매할 수 없지만, 반대로 '얼마나' 지불해야 하는지 명확하다면 안심하고 살 수 있게 되니까요. 당신의 높은 가치를 인정해 주는 고객과 거래한다면 수입은 저절로 올라갑니다. 고객은 가격이 불분명하면 부담을 느끼고, 구매결정을 미루거나 포기하게 됩니다. 결국 '얼마나'를 명확하게 제시하지 않으면 고객은 신뢰보다는 불안함을 느끼는 것이지요.

'얼마나'가 명확할 때의 안도감

내일 고객과 중요한 상담을 앞둔 당신. 그런데 갑자기 컴퓨터의 전원이 켜지지 않네요. 혼자서는 어떻게 할 수 없는 상황입니다. 그래서 두 곳의 수리업체를 찾아 전화를 걸었습니다. 가격 외 조건은 모두 동일하다면 어느 쪽을 선택할 건가요?

A 케이스 바이 케이스입니다.

B 50만 원입니다.

만약 급한 상황이라면 B를 선택해야 합니다. '조금 비싸다'는 생각이 들어도 가격이 명확하다면 안심하고 부를 수 있죠. 사실 A가 더 저렴할 수도 있지만, 가격 협상을 할 시간은 없기 때문에 B를 선택할 수밖에 없습니다. 또 다른 경우를 예로 들어보겠습니다.

새 컴퓨터를 사려고 전자제품 매장에 갔더니 '88만 원'이라는 가격이 적혀 있습니다. 컴퓨터 매장에 가격이 적혀 있는 것은 당연한 일입니다. 하지만 그런 당연함이 다른 비즈니스 현장에서는 의외로 당연하지 않을 때가 많습니다.

혹시 주변에 이런 사람들 없나요? 고객이 가격을 물었을 때 "귀사 예산에 맞추겠습니다."라고 대답하거나 내년도 매출 목표를 물었을 때 "여러분들과 함께 최선을 다하고자 합니다."라고 말하는 사람들 말입니다. 이런 말을 듣는 상대방의 반응은 대체로 다음의 두 가지입니다.

① 돈을 '얼마나' 써야 하는지 모르겠으니 포기하려는 경우

② '최저가'로 사려고 하거나, 편법을 동원하는 등 자신에게 유리한 쪽으로 써먹는 경우

어느 쪽이든 구체적인 숫자로 말하지 않았기 때문에 좋은 결과를 얻을 수 없습니다. 앞장에서 숫자는 '공통 언어'라고 강조했었죠? 이걸 반대로 말하면, 숫자가 없으면 상대방과 공통 화제를 만들 수 없다는 뜻이기도 합니다.

얼마나 지불해야 하는지가 명확하면

상대방은 안심하고 구매할 수 있다.

당신의 가치를 인정해 주는 고객과 거래하면

수입도 올라간다.

'얼마나'를 숫자로 말하는 요령

'얼마나'를 숫자로 말하지 않으면 위험하다

왜 사람들은 이 당연한 '얼마나'를 당연하게 말하지 못하는 것일까요? 이유는 주변에 '얼마나'가 넘쳐나서, 스스로 '얼마나'를 정할 일이 없기 때문입니다. 가게에서, 혹은 인터넷 쇼핑을 해도 가격은 이미 정해져 있습니다. 회사에서 물건을 팔 때에도 가격을 책정하는 건 상사나 다른 부서의 몫입니다. 수량도 지시받는 대로만 하면 직접 숫자를 언급하지 않아도 처리할 수 있고요. '얼마나'를 고민하지 않아도 된다는 건 솔직히 마음 편한 일입니다. 정해진 가격에, 정해진 수량만 따르면 되니까요. 하지만 비즈니스 현장에서 이것은 매우 위험한 신호입니다. 새로운 변화에 대응하지 못해 기회를 놓치게 되는 것은 물론, 상대방이 편한 대로 가격과 수량을 결정하게 될 테니까요. 결국 손해를 보는 것은 나 자신입니다.

상대방의 기대치가 나와 다름을 인식하라

사람들은 왜 '얼마나'를 숫자로 말하는 게 어려울까요? 바로 상대방이 기대한 가격과 다를까봐 걱정하는 것이 가장 큰 원인이지요. '고객의 기대와 다르면 어떡하지' 또는 '상사의 기대와 다르면 어떡하지?' 하는 당신의 걱정은 이미 잘 알고 있습니다.

저 역시 회사를 그만두고 컨설턴트로 독립했을 당시, 사람들이 비싸다고 생각할까봐 컨설턴트 비용을 웹사이트에 올려놓지 않기로 결정했던 적도 있습니다. 하지만 지금은 컨설턴트 비용을 누구나 볼 수 있도록 명확하게 홈페이지에 올려놓았습니다. '얼마나'를 명확히 하지 않았을 때의 손해가 훨씬 더 크다는 것을 이제는 알고 있기 때문이죠.

'공통 언어'로 인식의 차이를 명확하게 하라

상대방이 기대한 것과 다를까봐 걱정하는 당신에게 분명하게 말해두겠습니다. 당신이 생각하는 '얼마나'와 상대방의 '얼마나'는 다른 것이 당연합니다. '숫자'로 말하는 것은 단순히 상대방의 생각과 정확히 일치시키려는 목적은 아닙니다. 상대방과의 차이를 명확하게 이해하려는 것이 그 목적이죠. 정의의 여신이 들고 있는 저울을 떠올려 봅시다. 한쪽에는 당신의 서비스나 상품이 있고, 다른 한쪽에는 상대방이 지불할 돈이 있습니다. 이 두 가지가 정확히 수평을 이룰 때 비로소 비즈니스가 성립합니다.

동남아 여행지의 기념품 가게에서 종업원과 가격 협상을 해본 경험이 있을겁니다. 기념품에 적힌 100달러 가격표를 보고 30달러에 사겠다고 제안해봅시다.

종업원	80달러.
나	아니, 50달러.
종업원	65달러.
나	OK, 65달러.

각자 다른 금액을 말하지만 협상이 진행되면서 점점 서로의 기대치와 가까워집니다. 결국 양쪽이 생각한 숫자가 일치하는 지점에서 거래가 성사되는 것이죠.

범용 메뉴판을 사용하면 '얼마나'를 명시하기 쉬워진다

처음부터 스스로 '얼마나'를 정해서 이야기하는 건 아무래도 거북하게 느껴질 수 있습니다. 만약 그게 가격이라면 '비싸다고 생각하면 어떡하지?'라는 생각 때문에 특히나 더 부담스럽죠. 이럴 때 추천하는 것이 '범용 메뉴판'을 사용하는 것입니다. 즉, 당신이 직접 '얼마나'를 결정하는 대신 쓰기가 편하고 비교적 알려진 숫자를 가져오는 것이죠.

상품의 가격을 표현하고 싶다면 누구나 알고 있는 대기업 제조업체 제품의 소매가격을, 부서 매출액이 목표라면 회사 전체의 성장률이나 경쟁사의 매출액을, 자신이 하는 일의 가치를 금액으로 표현하고 싶다면 외주 용역비를 가져오는 겁니다. '얼마나'를 숫자로 표현하는 것에 거부감을 없애기 위해서라면 이 정도도 충분할 겁니다.

50만 원입니다. 가격이 똑같은 상품이 ○○사에도 있습니다만, 품질은 저희가 더 좋습니다.

내년 매출 목표는 30억 원입니다. 경쟁사인 B사를 제치고 저희가 1등을 차지하겠습니다.

제가 드린 제안은 5천만 원 정도 이익을 볼 수 있습니다. 이 제안은 외주를 주면 최소 비용만 1억 원입니다.

이렇게 '범용 메뉴판'을 쓰는 것에 익숙해지면 거기에다 자신이 생각하는 가치 금액을 추가로 더하면 되는 것이죠. 다만 여기서 중요한 점은 저렴한 메뉴판이 되어서는 안 됩니다. 가격표는 반드시 '정가'여야 합니다. 실제 비즈니스 현장에서는 정가보다 저렴해질 수는 있어도 더 비싸지는 일은 결코 없습니다. 자신감을 가지고 고객이 '얼마나' 대가를 지불해야 하는지 숫자로 표현해봅시다. 그리고 그 대가의 값어치를 높이려면 자신 있게 '나'의 가격도 올려야 한다는 점을 명심합시다.

숫자로 말하기 어렵다고 해서 '얼마나' 지불할지에 대한 판단을 상대방에게 떠넘기지 마세요. 숫자로 '얼마'라고 자신의 가치를 말하는 것은 반대로 그 가격에 걸맞은 자신을 만들 수도 있다는 말이니까요. 당신의 진정한 가치를 알고, 당신을 필요로 하는 고객이 모여듦으로써 매출과 수입은 자연스럽게 늘게 될겁니다.

'얼마나'를 숫자로 말하면 비즈니스 기회를 구체화할 수 있다

숫자라는 '공통 언어'를 사용하여 상대와의 격차를 메워 간다

이 저울의 균형을 맞추기 위해서 우선은
차이를 명확히 한다

틀리는 것이 두렵다면
퍼센트를 써라

퍼센트는 정보에 가치를 더 한다

'몇 퍼센트'로 표현하면 숫자로 말하기에 대한 거부감이 줄어듭니다. 퍼센트는 틀릴 수도 있기 때문이지요. 설령 퍼센트가 정확하지 않더라도 숫자로 말하지 않을 때보다 더 가치 있는 정보를 상대방에게 전달할 수 있는 것은 물론이고요. 예를 들어 중요한 회의에서 발표할 때, 다음과 같은 설명을 들으면 '그렇구나' 하고 납득할 수 있습니다.

> 작년 우리 회사 이익률은 17.6%였습니다.

> 설문조사 결과, 고객의 상품 만족도는 75%로 나타났습니다.

미래의 확률 퍼센트는 틀려도 괜찮다

과거 사실과 달리 미래에서 사용할 퍼센트는 어디까지나 가능성을 나타냅니다. 그래서 틀릴 수도 있죠. 예를 들어, 팀장이 "오늘 다녀온 고객사 어때? 계약할 수 있을 것 같아?"라고 물었다면, 안 될 것 같다고 대답하는 대신 '65퍼센트는 계약할 수 있을 것 같다'고 대답해보세요. 결과적으로 계약에 이르지는 못하더라도 나머지 35퍼센트는 실현됐다고 볼 수 있는 거죠. 근거제시도 없이 '안 될 것 같다'고 말했을 때보다는 훨씬 더 좋은 상황처럼 보입니다.

퍼센트의 기준을 가져라

처음에는 대강의 느낌으로 퍼센트를 사용해봐도 괜찮습니다. 퍼센트로 말하는 습관을 들이다 보면 정확도가 높아집니다. 하지만 처음에는 퍼센트로 말하기가 부담스러울 수 있습니다. 만약 그렇다면, 다음 기준을 참고해 봅시다.

- 120% ⇒ 할 수 있다, 자신감을 보이고 싶다
- 95% ⇒ 거의 확실하다(일부 불확실한 부분이 있음)
- 75% ⇒ 될 가능성이 높다
- 50% ⇒ 판단할 수 없다(사용하지 않는 것이 좋다)
- 30% ⇒ 조금 어렵지만 가능성 있다
- 5% ⇒ 거의 가능성이 없다

물론 당신만의 기준을 가지고 있다면 그것도 나쁘진 않지만, 한 가지 주의해야 할 점은 100퍼센트, 50퍼센트, 0퍼센트 등 단정적인 숫자를 너무 많이 사용하면 안된다는 점입니다. 왜냐하면 이런 숫자들은 자칫 '독불장군'처럼 보일 수 있기 때문이죠. 퍼센트의 장점을 잘 활용해서 편리하고 간단하게, 보다 설득력있는 대화를 만들어봅시다.

정확하지 않아도 퍼센트로 말해야 하는 이유

왜 정확하지 않은 경우에도 퍼센트로 말해야 할까요? 퍼센트로 말하는 것이 중요한 이유는 다음 세 가지를 근거로 합니다.

① 상대방과 당신 사이에 공통의 언어를 형성할 수 있다.

② 성공 가능성을 높이고, 실패 위험을 낮추기 위해서 상대방의 협력을 이끌어낼수 있다.

③ 예상과 다른 결과가 나왔을 때는 그 이유를 한번 생각해 보라. 이 과정을 거치면 점점 더 정확한 판단이 가능해진다.

이처럼 퍼센트로 말하면 '숫자로 말하기'에 대한 장벽이 낮아집니다. 또한, 상대방과 공통 언어로 소통할 수 있기 때문에 협력과 신뢰를 얻게 됩니다.

미래를 나타낼 퍼센트는

어디까지나 가능성에 불과하다.

'안 될 것 같다'보다는

훨씬 더 효과적일 것이다.

'목표'를 눈에 보이는 숫자로 말하라

언젠가 연봉 2배와 3년 후 연봉 1억, 어떤 것이 실현될까?

미래에 달성해야 할 목표를 숫자로 말하면 실현가능성이 높아집니다. 목표치를 달성하기 위한 구체적인 경로를 볼 수 있게 되기 때문이죠. 경로를 구체화하면 현재 위치에서도 올바른 첫걸음을 내디딜 수 있습니다. 또한 나뿐만 아니라 다른 동료들도 이해하고 동참하는 협력을 얻을 수 있으니 실현 가능성도 더 커집니다.

만약 당신의 현재 연봉이 5천만 원이라고 가정한다면, 실현 가능성이 높은 것은 어느 쪽일까요?

A 언젠간 연봉을 2배로 늘리겠어.

B 3년 후엔 연봉을 1억 원으로 만들겠어.

두 선택지 모두 미래를 향한 희망을 이야기하고 있습니다. 누구나 A처럼 연봉이 두 배로 늘어나면 좋겠죠. '넓은 집으로 이사 갈까, 미래를 위한 투자를 할까, 해외여행을 갈까' 고민하면서 말입니다. 하지만 이런 식으로 표현하면 막연하게 "복권에 당첨되면 좋겠다."라고 말하는 것과 같을 뿐입니다. 당연하게도 A는 숫자로 말했다고 볼 수 없습니다. '언젠가'는 언제까지나 오지 않으니까요. 실현 가능 확률이 높은 예는 당연히 B입니다. 설령 A보다 목표치가 더 높다고 할지라도요. 3년 후 연봉을 1억 원으로 만들겠다는 미래의 목표를 구체적인 숫자로 말하고 있으니까요.

미래의 목표도 숫자로 말하라

한국인들은 평소 '구글맵(Google Maps)'을 잘 사용하지 않지요. 하지만 한번 사용해 보고 나면 비로소 그 편리함을 깨닫곤 합니다. 예를 들어, 처음 가본 해외 여행지에서 길을 잃었을 때라든지 말이죠. 그런데 최악의 경우는 스마트폰 배터리가 방전되면서 구글맵을 사용할 수 없을 때입니다. 어쩔 수 없이 주변을 두리번거리면서 직감에 의지한 채 계속 나아갈 수밖에 없죠. 함께 온 친구와 상의하다 의견이 엇갈려 분위기가 어색해지고, 결국 예상보다 두 배 이상의 시간이 더 걸리기도 합니다.

이와 마찬가지의 일이 비즈니스 현장에서도 일어납니다. 앞으로 무슨 일이 벌어지게 될지, 어떻게 하면 목표에 도달할 수 있을지는 그 누구도 알 수 없습니다. 하지만 앞이 보이지 않는다고 해서 가만히 멈춰 있을 수는 없죠. 불안과 공포가 밀려와도 앞을 향해, 미래를 향해 나아가야 합니다. 그런데 비즈니스 세계에서도 직감에만 의지해서 나아가다 보면 길을 잃을 때가 있습니다. 그럴 때 구글맵처럼 길을 알려주는 도구가 있지요. 바로 '숫자'입니다. 실현하고 싶은 미래의 목표를 자유롭게 상상해 보고, 그걸 숫자로 말하는 방법입니다.

역으로 계산하면 첫걸음을 내디딜 수 있다

지금의 가혹한 현실 앞에 멈춰 설 것인가, 아니면 이루고 싶은 미래에서 거꾸로 계산하여 앞으로 나아갈 것인가. 우리는 종종 미래를 이야기할 때, "현실을 봐라." 혹은 "실현될 수 없을 거야."라는 말을 듣습니다. 하지만 정말 그럴까요? 어쩌면 그 사람은 행복한 미래를 상상하지 못하는 것일 수도 있습니다. 상상력의 범위는 사람마다 다릅니다. 어떤 사람은 미래가 자꾸만 떠오르는 사람이 있는가 하면, 어떤 사람은 내일 일도 모르겠다는 사람도 있습니다. 당신은 어떤 타입인가요? 서로 다른 상상력을 가진 사람들끼리 소통하기란 결코 쉽지 않죠. 이럴 때도 서로 소통할 수 있는 공통 언어가 바로 '숫자'입니다. 그러니 미래의 목표를 숫자로 말하는 습관을 들여 봅시다. 구체적인 목표 설정 방법은 3부에서 살펴보겠습니다.

경로를 구체화하면

올바른 '첫걸음'을 내디딜 수 있다.

당신뿐만이 아니라

다른 동료들도 동참하는 협력을 얻을 수 있으니

실현 가능성도 커진다.

현재 상황도 숫자로 말하라

현재 위치를 알면 목표와의 거리를 알 수 있다

구글맵을 사용할 때 가장 중요하고도 필요한 정보가 있습니다. 바로 '현재 위치'입니다. 현재 위치도 숫자로 표현하는 것이 필수입니다. 목적지와 현재 위치를 입력하면 구글맵은 거리와 시간을 알려주는데, 마찬가지로 미래의 목표와 현재 위치를 '숫자'로 말하면 현재 위치에서 미래 목표까지의 거리와 해야 할 행동을 알 수 있게 되는 것이죠.

거리와 해야 할 행동을 파악하는 두 가지 공식

간단하면서도 강력한 두 가지 공식을 소개하겠습니다. 첫 번째는 '목표-현재 위치=거리'이며, 두 번째는 '거리=행동①+행동②+행동③'입니다. 앞에서 언급한 연봉을 예로 들면 다음과 같은 수식이 됩니다.

첫번째는 3년 후 연봉 1억 원이라는 목표에서 현재 위치를 연봉 5천만 원이라고 가정했을 때, 총 가야할 거리는 '3년 후 연봉을 5천만 원 늘린다'가 됩니다.

두번째는 위에서 설명한 대로 최종적으로 가야할 거리가 '3년 안에 연봉 5천만 원을 늘린다'라면 이를 위한 행동①은 '1년 차에 자격증을 취득해서 자격 수당 천만 원', 행동②는 '2년 차에 이직해서 2천만 원', 그리고 행동③에는 '3년 차에 승진해서 2천만 원'으로 정해볼 수 있습니다.

3년 안에 연봉 5천만 목표 연봉 = 1년 차에 자격증 취득 행동 ① + 2년 차에 이직 후, 2천만 원 행동 ② + 3년 차에 승진, 2천만 원 행동 ③

　두 번째는 각 취하는 행동에 따라 무한한 조합이 가능하죠. 너무나 당연해서 웃음이 나올 정도지만 3년 후 1억 원이라는 미래의 목표를 숫자로 말했기 때문에 현재 위치와의 거리를 알 수 있고, 목표를 향한 첫걸음도 자신 있게 내디딜 수 있게 됩니다.

걸음마라도 괜찮으니 바로 행동에 옮기도록 하자

　오히려 중요한 것은 첫걸음을 너무 크게 내딛지 않는 것입니다. 컨설팅이나 세미나에서 자주 강조하는 것이 바로 이 걸음마, '베이비 스텝'이거든요. 힘들이지 않고 쉽게 할 수 있는 작은 행동을 갓난아기처럼 한 걸음씩 나아가보기로 합시다. 어떤 간단한 것이라도 좋지만 반드시 24시간 이내에 실행할 것을 약속해야 합니다.

'3년 후 연봉을 1억 원으로 올리기'

만약 이 목표를 달성하기 위한 도전 1년차에 새로 자격증을 따기로 마음먹었다면, 24시간 안에 바로 할 수 있는 일은 무엇일까요?

예를 들면, 인터넷 서점에서 자격증 취득에 도움이 되는 책을 찾아보거나 또는 통신교육 웹사이트를 찾아볼 수도 있겠고요. 24시간이 아니라 5분이면 할 수 있습니다. 바로 이 첫걸음이 정말 중요합니다. 목표를 숫자로 말하고 첫걸음을 내디딜 수 있다면 80퍼센트는 성공한 것이나 다름없습니다. 나머지는 구글맵을 활용해 최단거리로 골인할 수 있는 길을 찾으면 되니까요.

목표와 현재 위치를 구체적인 숫자로 표현하면

올바른 미래의 방향으로 향할 수 있다.

3부

직장에서 인정받는

숫자의 마법

읽고 바로 써먹는 실전! 10가지 중급 마법

숫자로 말하면
일이 빠르게 끝난다

왜 항상 바쁜가?

A 오늘도 야근이라 몇 시에 퇴근할 수 있을지 모르겠네. 가뜩이나 바쁜데 급한 일부터 먼저 해달라고 하다니….

B 오늘은 18:30에 일을 끝내고 19시부터 환영회에 가야겠다. 급하게 끝내야 하는 일 10건 중에 80%만 오늘 안에 끝내면 괜찮을 것 같아.

A처럼 항상 바빠 보이는 사람이 주변에 있지 않나요? 어쩌면 당신의 상황일지도 모르겠습니다. 이 경우는 대부분 책임감을 가지고 주어진 일을 묵묵히 하고 있는 사람이

라고 생각할 겁니다. 그런데 늦게까지 일이 끝나지 않는 이유가 말하는 방법 때문이라면 어떨까요? B처럼 말하면 일이 빨리 끝날 수 있습니다. 18시 30분에 일을 끝내겠다는 것 즉, '언제'를 숫자로 말했기 때문입니다. 당연한 이야기로 들릴 수 있습니다. 하지만 '18:30'이라는 명확한 숫자로 말하면 여섯시 반에 일을 끝내기 위해 일의 양과 우선순위를 파악할 수 있게 됩니다. 또한 대화 B는 '언제'뿐만 아니라 '얼마나'(10건)와 '몇 퍼센트'(80퍼센트)를 숫자로 말함으로써 오늘의 목표가 명확해집니다. 그 결과 업무 집중력도 높아지는 것이죠.

일을 끝내는 3스텝

실제로는 다음의 3단계로 진행하면 됩니다. 가족이나 동료에게 "오늘은 18:30에 퇴근한다."라고 말합니다. 또는 학습이나 스터디 모임 등 변경할 수 없는 약속을 잡습니다. 자신이 해야 할 일을 메모에 적고, 각각 필요한 시간과 우선순위를 '자료 준비 90분, 우선순위 B'와 같이 정합니다. 그 다음, 일 목록 중 가장 중요한 최우선 순위 20퍼센트와 중요하지 않은 20퍼센트를 정합니다. 최우선 순위 20퍼센트는 오늘 안에 반드시 끝내고, 중요하지 않은 20퍼센트는 하지 않기로 결정하는 거죠.

억지로라도 스케줄을 넣어 완급을 조절한다

제가 대학을 졸업하고 무역회사에 다닐 때에는 A처럼 일했습니다. 그때 당시만 해도 "당신은 24시간 싸울 수 있습니까?"라는 영양제 광고가 유행할 만큼 일을 독려하던 시절이라 매일 밤늦게까지 일하는 것이 당연하다고 생각했었습니다.

하지만 첫 번째 해외 주재원 생활을 위해 홍콩에 도착한 날, 그 생각이 틀렸다는 것을 깨달았습니다. 많은 업무를 선배로부터 인수인계 받으면서 매일 아침마다 200건의 은행 거래, 그리고 연이어 들어오는 현지 직원들의 상담까지 진행해야 했습니다. 오후에는 고층 빌딩에 위치한 은행으로 가서 회의까지 마무리하고, 사무실로 돌아와서는 자료 정리와 내일의 거래를 준비했습니다. 이렇게 한 달 동안 업무 인수인계만 진행되었죠. 엄청난 업무량에도 불구하고 매일 환영회나 송별회가 이어졌는데, 18시 반에 사무실을 나와 19시부터 술을 마셨던 기억이 납니다. 그런데 선배가 귀국하고 저만 홀로 남자, 제가 선배만큼 잘하는 직장인이 아니라는 사실이 드러나기 시작했습니다. 아침 7시에 사무실에 도착해 급한 일부터 먼저 처리하다 보면 어느새 밤 11시가 되기 일쑤였고요. 이대로는 도저히 안 되겠다 싶어 선배에게 전화를 걸었습니다.

> "모처럼 홍콩에 왔는데 일만 하면 되겠어? 일 말고 다른 경험도 해봐야지. 저녁이나 주말에 너 자신을 위해 새로운 스케줄을 잡으면 어떨까?"

선배의 권유로 영어 레슨을 받고, 축구를 시작하고, 바비큐 파티에 가기도 하는 등 무리해서라도 시간대 별로 스케줄을 짰습니다. 잡은 일정에 차질이 생기지 않도록 일에만 집중하다 보니 어느새 해가 떠 있는 시간에 퇴근하는 인간다운 생활을 되찾게 되었죠. 이렇게 퇴근 시간이 '언제'인지를 명확히 하면 그때까지 끝내야 할 일의 양과 우선순위를 파악할 수 있으니 실제로 더 일찍 퇴근할 수 있게 됩니다.

일을 빨리 끝나게 만드는 3 Step

Step① 가족이나 동료에게 "오늘은 18:30에 퇴근한다"고
　　　 말한다. 또는 학습이나 스터디 모임 등 변경할 수 없
　　　 는 약속을 잡는다.

Step② 해야 할 일을 메모에 적고, 각각 필요한 시간과 우선
　　　 순위를 정한다
　　　 (예: 자료 준비 90분, 우선순위 B 등)

Step③ 일 목록 중 가장 중요한 최우선 순위 20%와 중요하
　　　 지 않은 20%를 정한다. 최우선 순위 20%는 오늘 안
　　　 에 반드시 끝내고, 중요하지 않은 20%는 하지 않기
　　　 로 한다.

숫자로 말하면 설명시간이
10분의 1로 줄어든다

상대방이 원하는 정보를 필요한 만큼만 전달한다

태국 공장에서 제품 생산이 계획보다 많이 늦어지고 있지만 마감 기한까지 2주밖에 남지 않았을 때, 부장님이 "어떻게 되어가고 있나?" 하고 묻습니다. 어떤 설명이 좋은 답변일까요?

A   조금 늦어지긴 했지만 계획대로 생산할 수 있습니다. 담당자가 괜찮다고 하니 문제는 없을 겁니다.

B   처음 계획보다 생산량이 100kg 줄어서 기한 안에 생산량은 400kg일 것 같습니다. 계획대로 진행하려면 앞으로 2주는 더 필요합니다.

숫자로 설명하면 가장 효율적이고 짧게, 그리고 가장 빠르게 전달할 수 있습니다. 상대방이 알고 싶어 하는 정보를 미리 필요한 것만 간단하게 정리할 수 있기 때문이죠.

이렇게 말하면 너무 당연하다고 생각할 수도 있습니다. 하지만 이 '당연함'이 현실에서 이루어지기란 쉽지 않은 것도 사실이고요.

'언제, 얼마나, 몇 퍼센트'로 질문의 90퍼센트는 해결된다

앞의 상황에서 부장님이 알고 싶은 것은 무엇이었을까요? 우선 '현재 생산량'입니다. 지금까지 실제로 얼마를 생산했는지 계산해보아야 합니다. 다음으로는 '앞으로의 생산량'입니다. 즉, 앞으로 2주 동안 얼마나 더 생산할 수 있느냐가 중요합니다. 또, 계획대로 만회하기까지 시간이 얼마나 걸릴 것인가도 중요한 사안이겠고요. 그리고 '가능성', 현재의 전망이 얼마나 확실한지의 여부도 중요합니다. 지연되는 이유와 해결책도 알고 싶겠지만, 부장은 '언제, 얼마나, 몇 퍼센트'를 먼저 알고 싶은 것입니다. 부장님의 "어떻게 되어가고 있는가?"를 구체화하면 다음과 같습니다.

\<부장님의 "어떻게 되어가고 있는가?"의 속뜻\>

김 팀장,
어떻게 돼가?

"현재까지 생산량은 얼마야?"
"앞으로 2주 동안 얼마나
생산할 수 있겠어?"
"계획한 물량은 언제쯤 만회할
수 있나?"
"현재 예상은 얼마나(몇 퍼센트)
확실한가?"

즉, B처럼 '언제, 얼마나, 몇 퍼센트'를 숫자로 이야기하면 부장님의 의문을 90퍼센트 커버할 수 있습니다. 공장뿐만 아니라 사무실 안에서 상황을 보고할 때도 마찬가지죠.

 현재 매출은 2억 원입니다. 앞으로 3주 안에 남은 1억 원의 상품을 판매해서, 계획한 3억 원을 달성할 것으로 예상됩니다. 남은 매출 1억 원의 달성 가능성은 75%입니다.

 현재 300명이 신청한 상태입니다. 지금과 같은 신청 속도가 유지된다면 정원 400명까지 남은 100명도 3일이면 달성할 수 있습니다. 95% 문제없습니다.

'괜찮습니다'가 불러오는 비극

사실 저는 예시와 같은 상황에서 A화법으로 인해 무려 7,000배의 시간을 빼앗긴 적이 있습니다. 태국 공장에 있는 한 동료가 부장님이 몇 번을 물어봐도 '괜찮다'며 매번 같은 말만 되풀이했다고 합니다. 저는 도쿄 본사에서 근무중이었는데 부장님이 점심식사 후 갑자기 "괜찮을 리가 없다. 이대로 가다가는 큰일 난다"고 제게 말했습니다. 그러더니 큰 결심이라도 한 듯 이렇게 말하더군요.

"지금 당장 태국에 가봐야 할 듯하니 집에서 여권 좀 가져와."

그 후 2주간 우리는 태국 공장에서 현상 조사와 해결에 몰두해야 했습니다. 동료가 숫자로 말하지 않았기 때문에 불필요한 시간이 10배로 늘어날 수밖에 없었죠. 3분이면 끝날 설명이 2주, 즉 7,000배가 되어 버린 것입니다. 이처럼 상대방이 알고 싶어 하는 사항을 '언제, 얼마나, 몇 퍼센트'로 정확하게 말하면 설명 시간은 10분의 1 이하로 줄어듭니다. 나와 나의 상사, 그리고 업무로 얽혀있는 주변 사람들의 시간 낭비도 줄일 수 있고, 신뢰도 높아지겠죠.

그런데 태국 동료는 정말 A 예시처럼 괜찮다고 믿었을까요? 지금 생각해보면, 사실 그 역시 문제가 있다는 것을 알고 있었을 거라고 생각합니다. 안 좋은 소식을 상사에게 보고하는 것은 여간 부담스러운 일이 아닐 수 없습니다. 그러나 안 좋은 소식 일수록 빨리 보고하는 것이 매우 중요합니다. 이어서 다음장에서는 숫자로 말함으로써 나쁜 소식에 대한 보고를 기회로 바꾸는 방법을 소개하겠습니다.

안 좋은 결과라도 숫자로 보고하면
신뢰를 얻는다

안 좋은 보고일수록 신속하게

A 🔘 큰일입니다! 고객이 반값으로 깎아주지 않으면
계약을 취소하겠다고 합니다.

B 🔘 고객에게서 할인 요구를 받았습니다. 이번 한번만
1,000만 원을 500만 원에 판매할 수 있도록 승인해
주세요. 중고품이라도 좋다는 조건이라, 할인 후에도
300만 원 정도의 이익은 확보할 수 있습니다.

안 좋은 소식을 보고할 때는 '빨리, 정직하게, 숫자로'
해야 합니다. 나와 상사 모두에게 문제 해결의 실마리를 주

기 때문이지요. 한 가지 상황을 예로 들어보겠습니다.

연말까지 2주가 남았습니다. 매출 목표 달성을 위해 거래처와의 계약을
앞두고 있는데 경쟁사가 특별 할인을 합니다. 우리도 할인을 해주지 않
으면 매출 목표 달성도 어려울 상황입니다.

이런 내용을 상사에게 보고하기란 부담스러운 일입니
다. "이제 와서 무슨 소리야!"라는 말을 듣게 될까봐 자신도
모르게 내일 보고하자고 미루거나, 한번 더 고객과 상담을
해보고 나서 보고하자는 식으로 생각하기 쉽습니다. 하지
만 나쁜 소식일수록 과감하게 '빨리, 정직하게, 숫자로' 말
하는 것이 효과적입니다. 나쁜 소식은 보고가 늦어질수록
상처가 커지고, 시간이 지날수록 할 수 있는 일도 줄어들게
됩니다. 당연히 거짓말이나 숨기는 것은 도움이 되지 않습
니다.

빨리, 정직하게, 숫자로 보고 해야 상사를 움직인다

어찌됐건 나쁜 소식은 '빨리, 정직하게' 보고하는 것이 기

본입니다. 그리고 또 하나의 포인트는 '숫자'로 말하는 것입니다. 나쁜 소식에 대한 보고를 숫자로 말하면 상사를 내 편으로 만들 수 있고요. 상사를 내 편으로 만들기 위해서는 상사의 입장에서 생각해야 합니다. 할인 요구, 납기 지연, 프로젝트에 발생한 예상치 못한 문제 등 상사는 직급이 높아질수록 다양한 문제에 부딪히며 그때마다 결단을 내려야 합니다. 또한 사내·외를 불문하고, 서로 다른 입장을 가진 직원들을 대상으로 협상도 해야 합니다. 그러니 문제마다 일의 우선순위와 판단이 달라지게 되는 것이죠.

예를 들어, 공장에서 가격이 저렴한 배송업체를 이용한 탓에 배송이 하루 늦어졌다고 가정해 봅시다. 생산 부서는 생산과 관련이 없으니 "문제없다.", 회계 부서는 "비용이 줄었으니 상관없다."라고 말합니다. 하지만 영업 부서의 경우, 고객 클레임으로 이어져 큰 문제가 될 수도 있습니다. 그래서 필요한 것이 '공통 언어', 즉 숫자로 말하는 것입니다. 상황에 따라 우선순위나 판단이 달라지는 문제들도 '얼마나'를 숫자로 표현하면 '돈'이라는 동일한 잣대로 판단할 수 있게 되죠. 위에서 언급한 가격 할인의 경우도 마찬가지입니다. '얼마나'를 숫자로 말하면 상사는 제시한 숫자와 동일한 잣대로 판단하게 됩니다.

따라서 A의 화법으로는 고객이 요구한 할인 금액이 결과적으로 회사의 매출과 이익에 얼마나 영향을 미치는지 알 수 없고, 또 요구를 받아들이는 것이 좋은지, 아니면 주문을 포기하는 것이 좋은지 판단할 수 없습니다. B의 경우, 할인으로 인해 매출에서 500만 원의 마이너스가 발생합니다. 하지만 납품 물건을 중고품으로 대체해서 팔면 300만 원의 수익을 확보할 수 있습니다. 이익률도 함께 알면 상사는 OK인지 아닌지 판단할 수 있죠.

나쁜 소식을 보고할 때는 그 영향이 '얼마나' 되는가를 수치로 말해야 합니다. 그러면 상사들은 내 편에 설 수 있게 됩니다. 또한 숫자로 대책을 제안하면 상사의 신뢰도 얻고, 평가에도 도움이 됩니다. 자, 다음은 상사와의 대화입니다. 상사가 급하게 일을 맡기면 당신은 어떻게 할 건가요?

안 좋은 소식을 보고할 때는

'빨리, 정직하게, 숫자로' 한다.

모두에게 문제 해결의 실마리를 줄 것이다.

긴급한 지시는
'언제·몇 퍼센트'로 명확하게

자신의 평가를 높일 수 있는 기회

팀장님이 갑자기 자료를 만들어 달라고 요구하면 어떻게 대답하면 될까요?

A 갑자기 급하게 자료를 만들라고 하시면 곤란한데요. 저도 바쁘고 어떻게 만들어야 할지도 잘 모르겠습니다. 그런데, 제 상담은 언제쯤 들어줄 수 있나요?

B 내일모레 회의 자료군요. 지난번 자료를 참고하여 내일 10시까지 80%정도의 초안을 만들겠습니다. 15분 정도 시간을 내서 확인 부탁드립니다. 그리고 5분 정도만 다른 건과 관련해 상담하고 싶습니다만…

팀장님이 급한 일을 맡긴다는 것은 기회입니다. '언제'와 '몇 퍼센트'를 잘 활용하면 노력에 대한 보상은 몇 배로 돌아오게 될 테니까요. 급한 일을 처리하면 다음의 4가지 요소가 모두 극적으로 향상됩니다.

요소① 스피드 → 상사의 사정에 맞춰야 하므로 빠른 속도로 일할 수 있다.
요소② 효율 → 자신이 잘 못하는 일을 하지 않아도 된다.
요소③ 업무 성과 → 상사의 여유 시간에 자신의 업무에 대해 상담할 수 있다.
요소④ 평가 → 상사의 평가가 올라가고, 자신의 평가도 올라간다.

일이란 예상대로 진행되지 않는 것

팀장님이 급한 일을 맡기면 '언제'와 '몇 퍼센트'로 다음의 세 가지를 확인합시다.

<팀장님의 급한 업무 처리 전 파악해야 할 사항>

· 최종 목표는 **'언제'**인가?
· 1차 보고일은 **'언제'**인가?
· 우선 급한 대로 **'몇 퍼센트'**를 완성해야 하는가?

→

· 모레 회의이다.
· 내일 10시에 팀장님이 체크한다.
· 100퍼센트 완벽해야 하는지, 어느 정도만 준비해서 팀장님과 함께 완성하면 되는지?

급한 일이니까 당연히 '언제'가 중요합니다. 그 다음 중요한 것이 '몇 퍼센트'입니다. '언제, 몇 퍼센트'를 떼어놓고 생각하면 함정에 빠지게 됩니다. 예를 들어, 앞의 예시에서 초안 작성을 맡기는 상황을 생각해봅시다.

이 업무는 서류나 자료를 모아 초안을 만드는 시간과 언어 표현, 레이아웃 등 세세한 부분을 다듬는 시간으로 나눌 수 있습니다. 완성도로 따지면 서류나 자료를 모으는 조사 작업이 80퍼센트, 섬세한 작업이 20퍼센트 정도이죠. 그런데 일을 하다 보면 후반작업 20퍼센트에 생각보다 많은 시간이 소요되는 경우가 생깁니다. 나는 100퍼센트 완성됐다고 생각하고 팀장님에게 제출했는데, 수정하라는 지시를 받는 경우도 발생하고요.

완성하기 전에 확인을 받자

그렇다면 처음부터 80퍼센트 정도만 만들어서 팀장님과 함께 마무리하는 것이 더욱 효율적이겠죠. 팀장님이 직접 처음부터 작성하는 것보다 더 빠르다는 것도 분명하고요. 이렇게 하면 팀장님이 짜증을 내며 완성되기만을 기다

릴 필요도 없습니다. 최종 목표의 '언제'와 1차 보고에서의
'언제', 그리고 완성도가 '몇 퍼센트'인지를 숫자로 말하면
긴급한 업무에도 효율적으로 대응할 수 있습니다.

상사의 긴급한 지시는 평가를 높일 수 있는 기회!

먼저 확인해야 할 세 개의 숫자
① 최종기한 → 모레 회의
② 1차 보고 기한 → 내일 10시 체크
③ 급하게 필요한 완성도 → 일단 80%까지

숫자로 정리하면
100퍼센트 완성하기 전에 확인받아
효과적으로 진행할 수 있다.

팩트와 숫자는
커뮤니케이션의 기본

'사실'과 '숫자'는 판단의 잣대가 된다

A 〔아이콘〕 내년도 회사 설명회는 온라인으로 해볼까요?
코로나 걱정도 없고, 준비도 수월할 것 같아요.

B 〔아이콘〕 내년도 회사 설명회를 온라인으로 진행하는 것이
어떨까요? 조사해 보니, 86%의 학생이 온라인으로
참여해봤다고 합니다.

'사실'과 '숫자'로 이야기하는 것은 업무의 기본입니다. 숫자로 말하면 설득력과 판단의 잣대가 생기기 때문이지요. 이제 내년도 채용을 위해 회사 설명회를 준비해봅시

다. 그동안은 회사에서 큰 장소를 빌려서 학생들을 모아놓고 설명회를 개최해 왔습니다. 코로나를 겪은 이후로 온라인 모임의 편리함을 이미 알고 있기도 하고, 마침 TV에서도 온라인 설명회를 광고하고 있어서 부장님에게 제안해봤습니다. 그러자 오프라인 설명회만 경험해 본 부장님이 이렇게 말합니다.

"온라인으로 사람들이 전부 모일 리가 없어. 잘 안되면 어떻게 하려고?"

선뜻 승낙하지 않는군요. 이럴 때는 어떻게 하면 좋을까요? 바로 '사실'과 '숫자'로 말해보는 겁니다. 사실이란 '설득력', 그 자체를 의미합니다. 나만의 독단적인 망상이 아니라 실제 세상에서 일어난 일이기 때문이지요. 숫자가 있으면 일어난 사실이 플러스인지 마이너스인지 알 수 있습니다. 그러니, 사실과 숫자로 이야기하면 설득력과 판단의 잣대가 생기고 부장님은 제안을 진행할지의 여부를 판단할 수 있게 되는 것이죠.

사실과 숫자를 파악하는 방법

만약 결과물에 대한 기존의 사실과 숫자를 파악했다면 다음과 같이 보고합시다.

> "온라인 설명회에 150명이 참여했고, 50명과 면접을 진행할 예정입니다."

하지만 온라인 기업설명회처럼 이제부터 앞으로 해야 하는 일, 그것도 처음 하는 일이라면 어떤 사실과 숫자를 가지고 말해야 할지 알기가 어려워지죠. 그럴 땐 어떻게 하면 좋을까요? 아무리 처음 하는 일이라도 사실과 숫자는 다음의 세 곳에서 찾을 수 있습니다.

---

① **우리 회사에서 진행한 사실과 숫자**

"부산 지사가 개최한 온라인 설명회에 학생 100명이 모여 30명과 면접을 진행했습니다."

---

② **다른 회사에서 진행된 사실과 숫자**

"B사에서 진행한 온라인 설명회에 200명의 학생이 모였다고 합니다."

---

③ **뉴스나 설문조사에서 얻은 정보와 사실과 숫자**

"조사에 따르면 86%의 학생이 온라인 설명회에 참여한 경험이 있다고 합니다."

가장 설득력이 있는 보고는 ① < ② < ③ 순입니다. 자사에서의 경험이 더 실감하기 쉬우니까요. 그렇다고 반드시 자사나 타사의 선례가 있으리라는 보장은 없습니다. 하만 ③과 같이 뉴스나 조사를 통해 설득력 있게 만드는 방법도 있습니다. 이때는 정부나 대학 같은 연구기관의 발표 자료처럼 신뢰할 수 있는 정보를 사용해야 합니다.

이렇게 사실과 숫자를 찾아서 말하면 설득력이 높아집니다. 한번 더 강조하지만, 업무상 대화는 사실과 숫자로 하는 것이 좋습니다. 그러면 내 이야기에는 설득력이 생기고, 상대방은 판단의 잣대가 생기게 됩니다. 그 결과로써 상대방이 움직이는 성과가 나오게 되는 것이죠.

'사실'과 '숫자'는 설득력과 판단의 잣대를 만든다

제안

"내년도 입사 설명회는 온라인으로 하는 것이 어떨까요?"

↓

의심

"온라인은 사람들 전부 모으기 어려워.
그러다 잘 안되면 어떻게 하려고?"

사실과 숫자로 말해보자

1) 자사 실적
작년에 부산 지사에서 진행한 설명회는 학생 100명이 모여서 30명과 면접을 진행했습니다.

2) 타사 실적
B사에서 진행한 온라인 설명회에 학생 200명이 모였다고 합니다. 뉴스에서 말하길, 86%의 학생이 온라인 설명회에 참여한 경험이 있다고 합니다.

↓

설득 완료

"그렇다면 온라인으로 해볼까?"

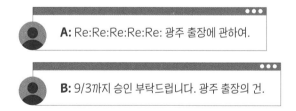

숫자의 마법 14

비즈니스 이메일은
제목이 90퍼센트

읽지 않는 메일 제목은 아닌가?

지하철에서 5분간 여유가 생겼을 때, 미확인 목록에 있
는 2건의 메일. A와 B 중 어떤 메일을 먼저 확인할까요?

A: Re:Re:Re:Re:Re: 광주 출장에 관하여.

B: 9/3까지 승인 부탁드립니다. 광주 출장의 건.

정답은 B입니다. 둘 다 업무 출장에 관한 메일이지만, 여
기에는 큰 차이가 있습니다. A는 '광주 출장'이라고 적혀 있

지만 목적이 무엇인지 모르겠고, Re:Re:Re:Re를 보니 누군가와 여러 번 주고받아서 읽는 데 시간이 오래 걸릴 것 같다는 인상을 줍니다. 오히려 내가 읽을 필요가 있는 메일인지조차 의심스럽게 만들죠. 반면 B는 이메일의 목적과 기한이 명확합니다. 그냥 'OK'라고 답장을 보내면 끝날 것처럼 보이죠.

제목의 중요성을 알자

숫자로 말하는 사람은 이메일 답장도 빨리 받을 수 있습니다. 메일 제목의 중요성을 알고 있기 때문입니다. B 메일을 받은 상대방은 메일 제목만 보고도 내용, 필요한 액션, 답장에 필요한 시간을 알 수 있습니다. 그럼 이메일을 보낼 때 가장 짜증나는 상황은 언제일까요? 계속 기다려도 답장이 오지 않을 때입니다. 급한 업무일수록 답장을 기다리는 초조함은 더 심해질테고요. 실제로 일할 때 직접 대화하는 것보다 이메일로 소통하는 경우가 더 많지 않던가요? 직접 말하는 것과 마찬가지로, 이메일도 커뮤니케이션 입니다. 그래서 이번에는 '숫자'를 통해, 빠르게 답장 받을 수 있는 비즈니스 이메일 기술을 소개하려고 합니다.

제목은 '요청하는 액션'과 '언제'를 포함해야 한다

읽지 않은 20통의 메일 중 가장 먼저 열어보고 바로 답장을 보내게 만드는 이메일, 이건 순전히 '제목'에 달려있습니다. 어떻게 하면 답장을 빨리 받을 수 있는 제목으로 작성할 수 있을까요? 지금 당장 실천할 수 있는 꿀팁 세 가지를 알려드리겠습니다.

① '언제까지' 답장을 원하는지 기한을 넣는다.
② 상대방이 취해야 할 행동을 간단하게 정리한다.
③ 제목은 18자 이내로 작성한다.

먼저 답장 기한입니다. 2부에서 소개한 것과 같이 '언제'를 숫자로 대체하는 방법을 활용하는 겁니다. '언제', 즉 기한을 적지 않으면 이 메일은 급하지 않은 메일이라고 판단하게 됩니다. 하지만 '언제'를 숫자로 명확하게 표현하면 기한 내에 회신을 받을 가능성이 높아집니다. 만약 기한 내에 회신을 받지 못한 경우에도 '확인: 9월 3일까지 승인요청. 광주 출장 건'과 같이 한번 더 강조할 수 있습니다.

다음은 '승인 부탁합니다.', '확인 부탁합니다.', '연락을 부탁합니다.' 등 요청하는 액션을 제목에 넣습니다. 만약 보고나 정보 공유와 같이 상대방의 액션이 꼭 필요하지 않은 경우라면, 제목 첫머리에 '참고', '회신 불필요'라고 내용을 넣어봅시다.

마지막으로 제목을 18자 이내로 작성하는 방법입니다. 짧은 제목을 통해 해야할 행동과 기한을 한눈에 알 수 있다면 상대방은 당신의 메일을 열어보게 됩니다. 여기서 중요한 것은 '알 수 있다면' 입니다.

여기에는 한 가지 함정이 있습니다. 우선, 부장님이 이동 중에 메일을 확인하는 장면을 한번 상상해 봅시다. 노트북으로 확인할까요? 태블릿? 아니면 스마트폰? 아무래도 스마트폰인 경우가 압도적으로 많겠죠. 틈틈이 확인할 수 있으니까요.

하지만 주의해야 할 점이 있습니다. 바로 메일 목록에 '짧은 제목'만 표시된다는 점입니다. 그렇기 때문에 꼭 상대방이 스마트폰에서도 알아볼 수 있도록 제목을 짧게 작성해야 합니다. 만약 제목이 길면 뒷부분이 '...'으로 끝나서 보이지 않게 됩니다. 메일을 열어보지 않는 한 메일 제목 전체를 알 수 없습니다. 글자 크기 설정에 따라 다르겠지만, 제 아이폰 기준으로 19자 이상은 '...'으로 보입니다.

부득이하게 18자를 초과할 경우에는 제목 첫머리에 '언제'
와 '행동'을 먼저 적어줍시다.

이메일이 파놓은 함정에 주의

지금까지 이메일 제목은 '언제'가 중요하다고 강조했습
니다. 그런데 여기에는 이메일만이 가지고 있는 함정이 있
습니다. 바로 '오늘', '내일', '다음 주'와 같은 시간 표현입
니다. 만약 9월 1일 저녁에 "내일 14시에 미팅합시다."라고
메일을 보냈는데, 상대방이 다음 날인 9월 2일 아침에 확인
했다면? 읽는 사람은 메일 전송 시간을 확인하지 않은 채 9
월 3일 14시인 줄 알고 '괜찮다'는 답장을 보낼 수도 있습니
다. 만약 이것이 중요한 비즈니스 미팅이었다면 어떻게 될
까요? 단 한 마디, '언제'를 명확한 숫자로 표현하지 않아서
큰 문제로 이어졌을 수도 있습니다. 메일을 보내는 시점과
상대방이 메일을 확인하는 시점에는 시간차가 있다는 것을
꼭 명심합시다. 따라서 '언제'를 메일로 보낼 때는 '오늘',
'다음 주'가 아닌 '9.2', '9.9'와 같이 실제 날짜를 적는 것이
바람직합니다.

이메일 제목에 '요청하는 액션'과 '언제'를 포함하면

답장을 빨리 받을 수 있다.

프레젠테이션의 핵심은
처음 3분과 마지막 1분

좋은 프레젠테이션은 숫자로 시작해 숫자로 끝난다

A

오늘 이 자리에 참석해 주셔서 감사합니다.
우리 회사가 여러 선배님의 노력으로 창립 99주년을
맞이할 수 있었습니다. 앞서 거행된 기념행사도 여러
분들의 협조로 무사히 마칠 수 있었습니다. 그럼…

B

지난 창립 99주년 기념행사는 참석자 990명에게
99%의 만족도를 얻으며 성황리에 마쳤습니다.
오늘은 이 990명을 대상으로 한 신제품 프로모션을
소개하겠습니다.

프레젠테이션은 처음과 끝이 승부수입니다. 왜냐하면

참가자들의 집중력은 처음 몇 분이 전부이기 때문이죠. 거기서 흥미를 느끼지 못하면 들어주지도 않을 뿐더러, 결과도 나오지 않게 됩니다. 인간의 집중력은 그리 길지 않습니다. 인터넷, SNS 등 정보가 넘쳐나는 현대 사회는 날이 갈수록 심해지고 있는 것이 현실이죠. 끊임없이 다음, 또 그 다음으로 두뇌를 전환하지 않으면 살아갈 수 없게 되었습니다. 이번에는 내가 프레젠테이션을 하는 사람이 아니라 듣는 사람이라고 가정해 봅시다. 우리 부서와는 전혀 상관없는 내용을 시작부터 끝까지 진지하게 들을 수 있을까요? 오늘까지 마감인 급한 업무가 있거나, 회의 도중에 거래처에서 전화가 걸려 와도 집중해서 끝까지 들을 수 있을까요?

누구나 경험하는 나쁜 프레젠테이션

내가 주체가 되어 프레젠테이션 할 때, 듣고 있는 상대방도 마찬가지입니다. 나와는 상관없고, 관심도 없는 프레젠테이션은 3분 이상 들어주지 않는다고 생각해야 합니다. 상대방이 '이미 들어본 이야기다', '오늘 이야기는 지루할 것 같다'고 생각하고 있다면, 듣는 시간은 기껏해야 1분입니다. 좀 어려울 것 같다거나, 무슨 말인지 잘 모르겠다는 인상을 주는 프레젠테이션은 30초도 들어주지 않을 겁니다. 이 3분, 1분, 30초는 제가 수없이 실패한 비즈니스 프레젠테이션과 세미나 경험에서 나온 숫자입니다. 과학적 근거는 없지만, 여러분도 경험해본 적 있지 않나요? 프레젠테이션이 시작되자마자 아무도 들어주지 않을 때의 그 당황스러움 말입니다. 무슨 수를 써서라도 상황을 좋은 쪽으로 바꾸려고 하다 보면, 더 허둥지둥하게 됩니다. 손에 땀을 뻘뻘 흘리며 어눌한 말투를 쓰게 되고요. A와 같이 정중하기만한 프레젠테이션을 하는 동안, 상대방은 눈을 감고 귀를 막게 될 겁니다.

먼저 임팩트 있는 숫자를 제시하라

당연한 이야기지만 프레젠테이션은 청중들이 들어주지 않으면 의미가 없습니다. 그들이 프레젠테이션을 듣고, 이해하고, 행동해야 합니다. 청중들을 움직이게 만들면 그때부터 업무 성과를 낼 수 있습니다. 이것이 프레젠테이션의 목적이라고 할 수 있죠.

그렇다면 어떻게 해야 할까요? 가장 먼저, 임팩트 있는 숫자로 말해야 합니다. 청중들의 눈꺼풀을 살짝 열고 숫자를 눈에 박아 넣는 거죠. 앞에 앉은 상대의 보이지 않는 귀마개를 벗기고 메가폰으로 숫자를 외치는 겁니다. B처럼 '99년, 990명, 99퍼센트'와 같이 숫자를 전면에 내세우면서 본론으로 들어가면 청중들의 마음을 사로잡을 수 있습니다.

앞서 소개한 1이나 100과 같은 단순한 숫자 이 외에도 회사 청중들이 쉽게 떠올릴 수 있는 숫자 '창업 99년'이 포인트 숫자가 됩니다. 또한 숫자를 반복하는 것도 효과적인 방법입니다. 파워포인트의 슬라이드를 보여줄 때에는 숫자를 강조하세요. 상대방의 눈과 귀에 숫자가 각인되도록 만드는 것이 중요합니다.

스토리텔링 프레젠테이션으로 마무리하라

숫자로 상대방의 관심을 끌었다면 이제 스토리를 곁들인 프레젠테이션을 구성해야 합니다. 이른바 '스토리텔링 프레젠테이션'을 잘하기 위해서는 경험과 기술이 필요하지만, 아직 걱정할 필요는 없습니다.

우선 처음 3분 동안 모든 에너지를 쏟아 부어 상대방의 뇌리에 숫자가 각인되도록 노력해야 합니다. 그리고 프레젠테이션의 마지막에도 숫자로 마무리하는 것이 좋습니다. 여기에 어려운 테크닉은 필요 없습니다. '요약'은 처음 이야기한 숫자를 다시 한 번 반복하면 되니까요. 슬라이드 화면은 첫 페이지와 똑같은 슬라이드를 사용해도 상관없습니다. 거기다 목표 달성에 성공한 미래의 상황을 추가한다면 더욱 효과적인 스토리텔링 프레젠테이션이 완성되는 것이죠.

"100주년 기념행사에 1만 명이 참석하도록 하고, 반드시 100퍼센트 만족할 수 있는 신제품을 만들자!"라고 말해 봅시다. 프레젠테이션은 처음과 끝이 승부처입니다. 핵심이 되는 숫자와 스토리를 넣어야 상대방이 듣고, 이해하고, 행동하게 됩니다.

승부는 프레젠테이션의
첫 3분에 결정된다

이그제큐티브 서머리로 말하라

사장님이나 부사장님 같은 임원들을 대상으로 한 프레젠테이션은 처음 3분 안에 전반적인 내용을 알 수 있도록 '이그제큐티브 서머리(executive summery)'로 말하지 않으면 실패할 확률이 높습니다. 그들은 프레젠테이션 도중에 급한 용무가 생겨서 갑자기 자리를 뜰 수도 있기 때문입니다. 이그제큐티브 서머리를 처음 들어보실 지도 모르겠습니다. 이것은 일종의 '사장님을 위한 커닝페이퍼'입니다. 한 장의 커닝페이퍼처럼 사장님이 해야 할 일과 프레젠테이션의 핵심 포인트가 간단한 숫자로 설명되어 있습니다. 이를 처음 3분 안에 이야기한다면, 어떤 갑작스러운 상황이 닥쳐도 자연스럽게 대응할 수 있게 되는 것이죠.

사장님의 '나머지는 알아서 하라'를 끌어낼 수 있는가?

앞서 청중들의 집중력이 지속되는 시간은 처음 3분이라고 강조한 바 있습니다. 그 시간 동안만 집중시키면, 발표 중간에 집중력이 흐트러지더라도 청중들은 끝까지 경청할 수 있지요. 하지만 사장님은 그렇지 않습니다. 언제든지 사장이 자리를 비워도 업무가 원활하게 흘러갈 수 있도록 늘 긴장해야 하니까요.

당신의 프레젠테이션이 시작된 지 5분, 갑자기 사장님의 핸드폰으로 비서에게 전화가 옵니다. 사장님의 스케줄을 알고 있음에도 연락이 온 것을 보면 급한 일이 틀림없겠죠. 당신은 물론이고 다른 참석자들도 모두 당황해서 프레젠테이션에 집중할 겨를이 없을 겁니다. 왜냐하면 오늘의 프레젠테이션은 신제품 출시를 위한 프로젝트 상황 보고와 추가 예산을 받기 위한 중요한 자리이기 때문이지요. 만일 오늘 사장의 OK를 받지 못하면, 예상 일정이 더 늦어질 수도 있습니다. 이때 사장님에게 어떤 말을 듣고 싶은가요?

A 🔘 모처럼 마련한 자리라 미안하지만,
지금 가봐야 하네. 한번 더 미팅을 잡아주게.

B 🔘 고맙네. 나는 이걸로 충분하네.
나머지는 맡길 테니 다들 열심히 해주게.

당연히 B가 듣고 싶을 겁니다. 그 말을 끌어낼 수 있는
수단이 바로 '이그제큐티브 서머리'입니다. 여기에는 개요,
목표, 구성원, 일정이 한 페이지에 정리되어 있어야 하며,
원활한 프로젝트 진행을 위해 프레젠테이션에서 결정해야
할 내용도 적혀 있어야 합니다.

먼저 전체를 간략하게 정리하고, 다음 페이지부터 프레
젠테이션의 의도와 목적에 대해 상세히 설명합니다. 임원
요약본을 먼저 전달하면 사장 외의 참석자들도 전체를 이
해할 수 있어 안심하고 프레젠테이션을 들을 수 있습니다.
예를 들면 다음과 같이 말이죠.

"우리 회사 창립 100주년을 맞아 베트남 어린이 100만 명이 발명왕

이 될 수 있는 학습 도구 개발 프로젝트입니다. 오늘은 다음 달에 완

성될 시제품 개량을 위해, 현재 10명인 팀을 2명으로 증원하고, 현지
조사 예산 1,000만 원을 승인을 받고자 합니다."

이그제큐티브 서머리의 3가지 포인트

이그제큐티브 서머리에서 사용해야 할 포인트는 아래의
세 가지입니다.

① 처음 접하는 사람도 이해할 수 있도록 내용을 간단한 숫자로 이야기한다
　⇒ 100주년에 맞춰 100만 명의 어린이가 발명왕이 되는 학습 도구
② 프레젠테이션의 목적을 숫자로 말하기
　⇒ 팀원 2명 증원, 예산 1,000만 원
③ 사장님이 YES 혹은 NO로 대답할 수 있도록 한다

③은 YES 혹은 NO 대신 세 가지 선택지 중 하나를 선
택하게 해도 좋습니다. 중요한 것은 사장님이 오랜 시간 고
민할 필요가 없도록 준비해 두는 것이 관건입니다.

이그제큐티브 서머리의 장점은 사장이 3분 만에 프로젝
트를 전부 이해하는 것뿐만이 아닙니다. 사장님이 이 프로

젝트에 관해 설명할 수 있도록 커닝페이퍼 역할도 해야 합니다. 발표가 끝난 후 사장님이 부하 직원에게 설명하거나, 다른 회사 사장이나 투자자에게 설명할 경우를 대비해서 말이죠. 사장님은 프레젠테이션을 끝으로 더 많은 상대와 이야기해야 합니다. 그러니 이그제큐티브 서머리만 있으면 사장이 직접 간단한 숫자로 프로젝트를 설명하기 쉬워지는 것이죠.

프레젠테이션은 처음 3분에 결정난다.

임원을 대상으로한 프레젠테이션은 이 3분안에

'이그제큐티브 서머리'를 사용하라.

숫자의 마법 17

숫자로 말하면
질질 끄는 회의가 사라진다

승부는 첫 30초, '언제, 얼마나'로 회의를 장악하라

A
> 오늘 회의는 내용이 많습니다. 조금 길어질 수도 있지만,
> 활발한 참여 부탁드리겠습니다.

B
> 오늘 회의 의제는 3가지(①, ②, ③)입니다.
> 오후 2시쯤 끝날 것으로 예상합니다.

처음 30초 안에 회의의 목표, '의제 수(얼마)'와 '종료 시간(언제)'을 말해야 합니다. 회의 목적이 명확해야 시간 내에 회의가 끝나도 안심하고 업무에 반영할 수 있기 때문이죠.

우리 회사의 회의 분위기가 아래와 같진 않은지 한번 생각해봅시다.

- 시간만 허송세월 보내고 아무것도 결정되지 않는다.
- 늦게 온 사람에게 논의한 내용을 한 번 더 설명해야 한다.
- 소소한 잡담이나 소감에 대한 의견이 많다.
- 어느새 예정된 시간이 훌쩍 지나가 버린다.

만약 이런 분위기라면 '회의가 더 적었으면', 혹은 '더 짧았으면 좋겠다'고 생각하게 되는 것은 당연한 일입니다. 그럼 먼저 '언제, 얼마나'를 말하는 것부터 시도해봅시다. 만약 내가 이번 회의의 사회자나 진행자라면, B처럼 '의제는 3개(얼마)와 오후 두시(언제)'라고 분명하게 말해야 합니다. 만약 주위의 반발이 걱정된다면 다음과 같이 이야기를 이어갑시다.

바쁘신 와중에 귀중한 시간을 내주셨습니다. 회의는 예정대로 마무리할 수 있도록 하겠습니다. 만약 이 세 가지 이외에 오늘 이야기해야 할 주제가 있다면 알려주십시오.
참석하시는 분들께 확인 후 조정하도록 하겠습니다.

사회자가 아니어도 할 수 있는 시간 관리

회의를 주도할 때, 주의해야 할 포인트는 아래의 세 가지입니다.

① 참가자들이 바쁜 와중에도 참석해 준 것에 대해 감사를 표한다.

② 다른 의제를 제안할 기회를 제공하고, 참가자의 우선순위를 존중한다.

③ 되도록 종료 시간을 어기지 않는다.

만약 당신이 참가자라면 어떻게 해야 할까요? 사회자나 진행자가 '언제, 얼마나'를 제시해 주면 좋겠지만, 솔직히 그렇게 하기란 쉽지 않습니다. 하지만 과감하게 이렇게 말해봅시다.

회의에 불러 주셔서 감사합니다. 그런데 죄송하지만, 오늘 3시에 고객 미팅이 잡혀 있어서 2시 55분에 나가보겠습니다. 그전까지 회의에 제대로 집중하고 싶은데, 회의 의제와 종료 시간을 한번 확인해 주실 수 있을까요?

회의의 마지막도 '언제, 얼마나'로 마무리 한다

이제 참가자들도 의제에 집중하고 회의가 예정대로 끝날 것 같습니다.

자, 이제 마무리 멘트입니다. 어떤 멘트가 더 성과가 좋을까요?

A 오늘 회의에 참석해 주셔서 감사합니다. 수고하셨습니다.

B 오늘 하루도 수고 많으셨습니다. 오늘은 ①, ②, ③이 결정되었습니다. 다음 회의는 다음 주 수요일 오후 2시에 진행하도록 하겠습니다. 혹시 시간 여의찮으신 분 있으실까요? 그리고 A 씨, 오늘 결정한 대로 이번 주 안에 ○○을 완료해 주시면 감사하겠습니다.

당연히 정답은 B입니다. 다시 정리해보자면, 회의를 끝내기 전에 두 가지의 '언제'를 확인해야 최대한의 효과를 얻을 수 있습니다.

첫 번째 '언제'는 다음 회의 일정입니다. 참가자들의 관심이 남아 있을 때 다음 회의 일정을 잡아야합니다. 또한 이렇게 회의 중에 다음 일정을 정하면, 시간이 오래 걸리는 문제도 한 번에 결정 할 수 있습니다. 두 번째 '언제'는 각자 해야 할 행동의 기한을 확인하는 것입니다. 회의에서 결정된 내용을 실현하기 위해 각 구성원이 해야 할 일을 기한과 함께 확인하세요. 그렇게 하면 다음 회의에서 진행 상황을 발표할 수도 있고, 역할과 책임 분담이 명확해집니다.

반드시 처음 30초 안에

회의 목표와 '의제 수(얼마)'와

'종료 시간(언제)'을 말하라.

의사결정을 유도하는
세 가지 시나리오

반대 의견을 내는 것보다 선택지를 고르는 것이 더 쉽다

선택할 수 있는 세 가지 시나리오를 '언제'와 '얼마나'로 이야기하면 반대의견이 사라집니다. 상대방은 반대의견을 내기보다 선택하는 것을 더 편하게 느낄테니까요. 그럼 여기서 한 가지 상황을 제시해보겠습니다.

베트남 공장에서 문제가 발생하여 긴급회의를 소집했습니다. 다음의 두 가지 제안 중 참석자들의 동의를 얻을 수 있는 제안은 무엇일까요?

A 공장 라인이 멈춰서 고객 납품이 늦어지고 있습니다. 지금 당장 일본 기술자를 베트남에 파견해 주십시오.

B 공장 라인이 멈춰서 고객 납품이 늦어지고 있습니다. 해결 방안은 세 가지 시나리오로 생각해봤습니다. 우선 최선은 내일 중으로 복구하는 안입니다. 비용은 500만 원이고, 지금 바로 일본 기술자를 베트남에 파견시킬 수 있습니다. 다음으로는 1개월이지만 비용은 제로입니다. 입사 3개월차인 현지 담당자가 매뉴얼을 보면서 대응하는 거죠. 세 번째 현실적인 시나리오는 1주일, 비용은 50만 원입니다. 현지 유지보수 업체에 연락해서 수리를 맡기는 방안입니다.

A의 경우, "갑자기 기술자를 보내려 해도 엔지니어가 현재 너무 바쁘다." 혹은 "납기를 늦추면 된다."와 같은 반대 의견이 나올 수도 있습니다. 한편, B의 경우는 '언제(스케줄), 얼마나(비용)'로 3개의 선택지를 제시하고 있습니다.

회의 참석자들은 전부 반대하는 것보다는 세 가지 중에서 선택하는 것이 편할 겁니다. 여기서 더 좋은 의견을 내거나 아이디어를 낼 수도 있겠고요. 책임자에게도 B가 더 좋은 방안인 것은 분명하죠. 하지만 반대한다고 해서 문제가 해결되는 것도 아닙니다. B처럼 '언제'와 '얼마나'로 말하는 선택지 안에서만 판단할 수 있으니까요.

GE 시절, 영국 본사와 매주 회의를 통해 분기별로 매출 달성 전망을 보고하곤 했습니다. 매번 최대한의 숫자를 달성할 수 있으면 좋았겠지만 고객이나 공장, 물류 등 예상 밖의 일은 늘 발생했었죠. 그렇다고 실적 달성에 실패했다는 보고만 한다면 본사에게 협력은 커녕, 설득 시킬 수도 없는 노릇이었습니다.

"지금 매출 예상은 목표치 900억 원 대비 최대 930억 원입니다. 최악의 경우에는 880억 원으로 떨어질 수 있으나, 현재 상황으로는 910억 원을 예상하고 있습니다. 현실적인 목표치 910억 원을 달성하기 위해 내일까지 예산 5,000만 원을 지원해주시기를 요청드립니다."

이렇게 최선과 최악, 그리고 현실적인 세 가지 시나리오를 전달하고 각각 필요한 비용이나 시기를 제시했습니다. 그 결과, 본사의 협조를 무난하게 끌어내어 만족할 수 있는 결과와 신뢰를 얻었지요. 그러니 세 가지 시나리오 중에서 고를 수 있는 '언제, 얼마나'를 말하면 반대 의견은 사라지게 되며, 직원들의 이해와 협력을 얻을 수 있게 됩니다.

선택할 수 있는 세 가지 시나리오 중

'언제, 얼마나'를 이야기하라.

그러면 반대의견이 사라진다.

4부

상대를 움직이는

숫자의 마법

일 하나라도 더 성공시키는 8가지 고급 마법

뛰어난 리더는 숫자로 말한다

리더에게 필요한 3가지 역할

리더로서 팀을 이끌어야 할 때 가장 중요한 역할은 다음
세 가지입니다.

· 미래의 목표를 제시하는 것

· 부하를 성공시키는 것

· 팀 실적에 책임을 지는 것

이 세 가지를 실현하기 위해서는 경험과 기술이 필요합
니다. 그중에서도 숫자로 말하기가 리더로서 성공할 수 있

는지 없는지를 가르는 큰 관건이라고 할 수 있죠. 우리가 지금까지 익힌 숫자로 말하는 방법을 한 번 더 정리하는 의미로, 이번 장에서는 위의 3가지를 숫자로 말하는 방법을 소개하겠습니다.

미래의 목표를 숫자로 말하면,
비즈니스가 폭발적으로 성장한다

A 전 세계 사람들에게 사랑받는 동영상 플랫폼을 만들겠습니다.

B 2016년 말까지 하루 총 시청 시간 10억 시간을 달성하겠습니다.

하루에 얼마나 많은 동영상을 보고 있나요? 이미 유튜버로 활약하고 있을 수도 있겠군요. 유튜브(YouTube)의 모회사인 구글(Google)은 현재 전 세계에서 가장 큰 회사 가운데 하나입니다. B의 예시에 언급된 숫자는 유튜브에서 2012년 11월에 발표한 실제 목표치입니다. 하루 10억 시간이라는 숫자는 매일 전 세계 10억 명이 1시간 동안 동영상을 시청

할 때의 시간을 의미합니다. 1인 평균 시청 시간을 30분으로 계산하면 20억 명인 셈이고요. 2012년 당시 전 세계 시청 시간은 1억 시간 정도였습니다. 10억 명으로 계산하면 1인당 6분으로, 짧은 동영상 한 편을 볼 수 있을 정도의 시간입니다. 그런 시기에 유튜브가 전 세계 시청 시간을 10배로 늘리자는 목표를 세운 것은 담대함 그 자체였죠. 유튜브는 주저하지 않고 이 목표를 향해 달려갔고, 불과 4년 만에 정말로 목표치인 10억 시간을 달성하게 됩니다.

급성장한 글로벌 기업의 목표 설정 비결

이처럼 기업에서 목표를 설정하고 관리하는 방법을 'OKR(Objectives and Key Result)'이라고 합니다. 구글이나 페이스북 같은 세계적인 기업들도 채택하고 있는 방식입니다. 이렇게 말하면 아주 제한된 일부 대기업에서만 할 수 있는 방법론이라 생각하고 포기하려 할지도 모르겠습니다. 하지만 사실은 그렇지 않습니다. 지금까지 소개한 '숫자로 말하기' 요령을 사용하면 어떤 형태의 회사에서도 구글과 같은 목표를 설정할 수 있습니다.

먼저 '2016년 말까지' 혹은 '10억 시간' 처럼 '언제' 와 '얼마나' 를 숫자로 표현해야 합니다. 미래의 목표를 숫자라는 공통 언어로 명확하게 보여주는 것이죠. 목표는 가능한 '심플한 숫자' 로 표현하는 것이 좋습니다. 만약 목표치를 '2016년 11월 15일까지 9억 4,781만 시간' 이라고 하면 기억에 남지 않을 겁니다. '2016년 말까지 10억 시간' 처럼 큰 목표일수록 심플한 숫자로 표현해야 사람들의 마음에, 그리고 기억에 남게 됩니다.

목표는 과감하고 비현실적으로

지금까지 담대한 미래의 목표를 숫자로 말하는 것에 대해 소개했습니다. 사실 OKR은 두 파트 O와 KR로 나누어져 있습니다. 먼저 O는 '목표(Objectives)' 입니다. 앞서 말한 '2016년 말까지 10억 시간' 이 'O' 에 해당하는 것이죠. KR은 핵심적인 성과, 즉 한 사람마다 달성해야 하는 단기 목표라고 볼 수 있습니다. 이 책에서는 전문적인 OKR에 대한 설명은 생략하고, 내일부터라도 당장 OKR을 사용할 수 있는 포인트만 소개하도록 하겠습니다.

먼저 O를 살펴봅시다. 여기서 중요한 것은 '10배 성장'과 같이, 높고 도전적인 목표치로 관점을 끌어 올리는 것입니다. '4년 후 10억 시간'처럼 언뜻 실현하기 어렵게 보이는 큰 목표를 설정하면 그때부터 여러 아이디어가 나오기 시작합니다. 반대로, '매년 5퍼센트 성장'처럼 비교적 현실적인 목표일 때는 혁신적인 새로운 방식이 탄생하기 어려워집니다. 과감하게 10배로 목표를 끌어올려 보세요. 이렇게 해야 사람들을 끌어들이고 큰 목표를 향해 함께 도전할 수 있습니다.

단기 목표는 구체적이고 평가하기 쉽게 만든다

다음은 KR입니다. KR은 큰 목표를 향해 가면서 동시에 달성해야 하는 개개인의 성과, 즉 '핵심 결과(Key Result)'를 뜻합니다. 개개인은 자신이 목표를 달성했는지 아닌지를 명확하게 평가할 수 있어야 합니다.

따라서 개별성과도 '언제'와 '얼마나'를 숫자로 말하는 것이 중요하게 작용하는 것이죠. 그렇다면 예를 들어 '잔업 시간을 10분의 1로 줄인다'가 목표라고 가정해 본다면, 해당 예시의 성과는 다음과 같습니다.

예시 1 사전 안내를 명확히 하여 1년 이내에 회의 시간을 60분에서 30분으로 줄인다.

예시 2 월 1회 훈련을 통해 3개월 안에 경비 정산 오류를 50% 줄인다.

목표를 10배로 크게 잡되, 개별 단기 목표는 심플하고 마음에 남도록, 또 확실히 평가할 수 있도록 구체적으로 잡으세요. 두 미래의 목표 모두 숫자라는 '공통 언어'로 말하면 회사의 폭발적인 성장으로 이어지게 될 것입니다.

일 못하는 환경의 딜레마

Objectives

큰 목표

'심플하게' '크고 높게'
4년간 총 시청시간을
1억→10억으로!
↓
아이디어가 탄생한다

현실적인 목표

매년 5% 성장?
↓
새로운 방법이
탄생하지 않는다

Key Results

야근 시간을 10분의 1로 만들 거야! (큰 목표)
① 3개월 안에 정산 실수를 50% 줄인다
② 1년 내 회의시간을 절반으로 줄인다

구체적이고 명확하게 평가할 수 있는 단기 목표로 삼는다

부하직원의 변명은 듣지 마라

애매한 대답에는 사실과 숫자를 따진다

A 여러 번 메일로 요청했지만, 답장이 없습니다.

B 프로젝트가 2주 지연되고 있습니다.

어느 날 우리 팀 직원에게 A와 B를 보고받았다고 가정해봅시다. 어떤 보고를 선호할까요? 정답은 B입니다. 직원이 A처럼 말하면 '사실과 숫자'를 확인하도록 합시다.

A처럼 변명을 늘어놓도록 방치하면 시간과 에너지를 낭비한다고 느끼게 됩니다. 핑계로는 일이 해결되지 않고 앞

날을 기대할 수 없기 때문이죠. 그 대신에, 목표를 향해 다음 단계로 한 걸음을 내딛도록 이끌어야 합니다. 앞서 언급한적 있는 GE의 대규모 전사시스템 도입 프로젝트, '하모니'를 기억하실 겁니다. 그때의 일화를 들어볼까 합니다.

GE 인도법인의 한 직원이 다른 프로젝트 멤버로 발탁되어 저희 팀에서 빠지게 되었습니다. 한동안은 연락을 주고받았지만 어느새 연락이 뜸해졌고, 걱정되서 전화하면 "부장님한테 칭찬을 받았다." 혹은 "프레젠테이션을 잘 마쳤다."라는 식의 좋은 이야기만 주구장창 늘어놓았죠. 하지만 정작 중요한 프로젝트 진행 상황을 물어보면 답변이 없다거나 협조해주지 않는다고만 말하면서 불만과 변명을 쏟아냈습니다. 처음에는 가만히 듣고 있었지만, 이런 식으로 가다가는 언제까지나 제자리에 머물 수밖에 없다고 판단하고 이 '변명 사태'를 제재해야만 했습니다.

직원의 변명을 들어주지 않으면 냉정한 상사?

직원들의 변명을 들어주지 않는 상사라고 하면, 냉정하다고 생각할지도 모르겠습니다. 하지만 그건 잘못된 생각이죠. 직원에게 아무리 변명거리가 많더라도 도움이 되는 경우는 단연코 없습니다. 좀 더 분명히 얘기하면, 직원이 변명을 늘어놓는 것은 상사의 잘못입니다. 안 좋은 소식이나 문제가 발생해도 보고하기 어려워하기 때문에 다른 얘기를 할 수밖에 없는 것이죠. 화제를 돌릴수록 그의 마음 속에서는 문제가 주는 부담이 가중되고 있을 겁니다. 문제 해결을 못하는 자신을 탓하고 상처만 받다가 마침내 자신감을 잃게 되는 경우가 허다하니까요. 그 결과로서, 안간힘을 다해서 겨우 상사에게 변명을 늘어놓게 되는 것이고요.

나쁜 뉴스를 습관적으로 공유하라

GE에서는 '나쁜 소식은 먼저 보고한다'는 철칙이 있었습니다. 나쁜 소식은 시의적절하게 공유하고, 그에 맞는 대책을 빠르게 논의해야 하니까요. 이것은 상사와 부하 직원이 구축해야 할 올바른 관계성이기도 합니다. 그렇지만 직원 입장에서는 안 좋은 소식을 보고하는 건 마음이 무거울 수밖에 없죠. 그럼 내가 상사라면 어떻게 하는 것이 좋을까요? 바로 나쁜 소식을 일상적으로 공유하는 습관을 만드는 것입니다. 이를 위해 추천하는 방법은 '데일리 스크럼(Daily Scrum)'입니다. 팀원들과 매일 아침 15분 미팅을 하면서 아래 세 가지의 질문을 주고 받아봅시다.

"당신은 어제 무엇을 했습니까?"
"당신은 오늘 무엇을 합니까?"
"당신의 업무 진척을 방해하고 있는 것은 무엇입니까?"

어제 무엇을 했는지, 그리고 오늘은 무엇을 할지에 대한 질문을 던지면 팀원들이 현재 하는 일을 이해할 수 있는 맥락이 만들어지는 거죠. 만약 무엇인가가 진척을 방해하고 있다는 대답을 듣는다면 그건 현재 진행 중인 업무에 문제나 나쁜 소식이 있다는 뜻이겠고요. 이런 데일리 스크럼 방식을 고수한다면 나쁜 뉴스에 대한 보고가 일상적인 습관으로 바뀔 수 있습니다.

하지만 데일리 스크럼은 보고만으로 끝나면 안 됩니다. 문제 해결을 위해 팀원들과 함께 나아가도록 만드는 것이 포인트입니다. 이 과정을 통해 '언제, 얼마나, 몇 퍼센트'를 들며 미래를 위한 행동을 말하게 해야 하는 것이죠. 만약 '프로젝트가 2주 지연되고 있다'는 보고를 받았다면 그 해결을 위해 어떤 행동을 취할 것인지를 지속적으로 요구해야 합니다.

> "시스템 회사에 5분 뒤(☜언제) 전화해서 일정을 확인하겠습니다. 50만 원(☜얼마나)의 추가 비용으로 사흘 뒤(☜언제)에는 90%(☜몇 퍼센트)까지 회복할 수 있습니다."

이렇게 하면 직원들은 구체적인 해결책을 기꺼이 제안할 수 있게 됩니다. 여기서 정말로 중요한 것은 나쁜 소식을 보고해도 괜찮다는 '상사에 대한 신뢰'입니다. 팀원들이 언제든지 안심하고 나쁜 뉴스와 그에 대한 해결책을 말할 수 있는 환경을 만들어 주어야 합니다. 그러면 상사를 포함한 모두가 함께 성장할 수 있게 되는 것이죠.

직원이 변명을 늘어놓도록 방치하지 않고

목표를 향해 한 걸음씩 내딛을 수 있도록

이끌어야 한다.

부하를 설득하면
책임감 있는 리더가 될 수 있다

각오를 숫자와 스토리로 말하라

A 사장님 지시다. 각 담당이 책임지고 거래처와 공급 조건을 협상해 주게.

B 새로운 환경 속에서 자금흐름을 개선하는 것이 지금 회사의 가장 큰 목표네. '1년에 1,000억 원'이라는 목표를 달성하려면 우리가 밖으로 나가서 공급업체들과 협상해야만 하네. 힘들겠지만 우리 팀이 활약할 기회이기도 하니 같이 도전해 보세. 무슨 일이 생기면 내가 다 책임질 테니 안심해도 좋네.

A처럼 위에서 지시한 사항을 그대로 직원들에게 전달만 하는 간부들이 있습니다. 이래서는 직원들의 신뢰를 얻

을 수 없게 되죠. 한편 B는 먼저 각오를 다지면서 스토리와 숫자로 말하고 있습니다. 어느 쪽이 책임 있는 리더일까요? 당연히 B입니다. 한번 상상해 보세요. 만약 어느 날 갑자기 우리 부서의 역할이 바뀌었다면 직원들에게 어떻게 이야기 할 수 있을까요?

'스토리와 숫자'로 직원들을 납득시켜라

GE에서 헬스케어사업부가 투자기업에 팔렸을 때의 일입니다. 저는 당시 일본법인의 경리 부장이었습니다. 경리부는 일본에 7명, 중국 다롄에 5명이었고, 팀원들 대부분 저보다 근속 경험이 길었죠. 경리부는 정확한 업무처리를 담당하고 있긴 하지만, 비즈니스 핵심에 있는 부서는 아니었습니다. 그런데 GE의 새로운 사업을 인수한 투자기업이 우리 측에 요구한 것은 다름 아닌 캐시 플로우 경영, 즉 '현금 경영'이었습니다. 영업부서나 공장은 물론, 사장조차도 경험한 적이 없는 경영 스타일이었고, 경리부가 이 경영 방식을 전파하는 데에 전적인 책임을 맡게 된 것이었죠. 새로운 업무를 납득하지 못하는 직원들에게 '스토리'와 '숫자'

그리고 '책임'에 대해 계속 이야기했습니다. 그때 사용한 스토리는 '회사가 매각되어 새로 인수한 기업이 경영 룰을 바꾸었다는 점'과 '그래서 우리 경리부가 해야 할 전파 업무가 매우 중요한 일이며, 동시에 이번 일을 통해 우리 부서가 회사의 중심이 될 수 있는 기회라는 점'을 강조했습니다. 숫자는 '1년에 1,000억 원'처럼 구체적인 숫자로 담당자마다 단기 목표를 만들어 나가도록 대처했고요. 그리고 목표를 달성했을 때는 각 담당들에게, 실패했을 때는 모든 책임을 부장인 나 자신이 지겠다는 점을 적극 강조했습니다.

솔직히 말하면 제 머릿속에 '실패'라는 두 글자는 없었습니다. 우리 부서에는 경험과 능력이 출중한 직원들만 있었기 때문에 목표를 쉽게 공유할 수 있었고, 만약 무슨 일이 생겨도 부장님이 자신을 지켜줄 것이라는 안정감을 받는다면 성공할 수 있으리라고 판단했기 때문입니다. 처음에는 저항하던 직원들도 사장님을 비롯한 주변 직원들의 의지를 확인하면서 조금씩 변해갔습니다. 나아가 팀원들도 커다란 목표를 달성하기 위해 부서의 벽을 넘어 서로 협력하게 되었죠. 마침내는 1,000억 원의 현금흐름 개선 목표를 달성하여 팀 전원이 사장님의 표창을 받는 쾌거를 이루었습니다. 이처럼 직원들에게 설명할 때 리더는 스스로 각오를 다지고, 스토리와 숫자로 말해야 합니다. 그러면 책임감 있는 리더로서 직원들의 신뢰를 얻는 것은 시간문제일 것입니다.

긴급 명령 전달 방법에 따라 리더의 신뢰도는 크게 바뀐다

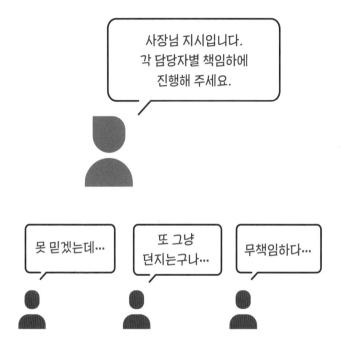

스루패스형 중간 관리자는 신뢰받지 못한다

숫자와 스토리로 각오를 보여주어야
신뢰받는 리더가 된다

첫 만남에서는 고객사 실적을 숫자로 말하라

상대방이 메리트를 느끼는 화법은?

A 우리 회사 매출은 3,000억 원이며, 5년 만에 두 배로 성장했습니다. 업계 수준을 뛰어넘는 최고의 상품을 계속해서 만들어내고 있습니다.

B 우리 회사 서비스를 채택한 고객사 300개 기업의 매출이 평균 15% 이상 성장했습니다.

A와 B 모두 숫자로 이야기하고 있습니다. 둘 다 신뢰할 수 있을 것 같지 않나요? 그런데 여기에는 큰 차이점이 있습니다. A는 자기 회사의 성장에 대해 소개하고 있고, B

는 타사인 고객사의 성장에 대해 소개하고 있습니다. A처럼 자신의 회사가 얼마나 대단한지 아무리 강조해도 영업은 이루어지지 않습니다. 왜냐하면 상대방은 고객사인 자기 회사의 이익에만 관심이 있기 때문이죠.

자사가 아닌 고객사를 얼마나 성장시켰는가

그럴 때 도움 되는 것이 고객사의 실적입니다. 우리 회사와 거래하면 고객사에겐 어떤 메리트가 생길까요? 이걸 '숫자'라는 믿을 수 있는 수단으로 증명해줍시다. 여기서는 두 개의 숫자가 필요합니다. 먼저 하나는 고객사가 얻은 '얼마나' 혹은 '몇 퍼센트'의 메리트입니다.

> "이 제품을 사용하는 고객이 말하길, 과거에는 3명이 1주일 걸렸던 일을 지금은 준비 작업 30분만 할애하면 나머지는 자동으로 끝낼 수 있게 됐습니다."

영업사원이 고객에게 설명하는 장면입니다. 제가 원격 CFO로 근무하던 실리콘밸리 벤처기업들은 제약회사에 의

약품 연구 공정 자동화 기계와 기계의 효율 향상을 위한 제품을 판매하고 있었습니다. 신약의 개발과 연구에는 막대한 비용, 그리고 시간이 필요합니다. 연구를 위한 샘플을 만드는 것도 그 중 하나였고요. 연구자는 확보된 시간만큼 본래의 고부가가치 업무에 집중할 수 있기 때문에 큰 메리트를 느끼고 관심을 가질 수 있습니다. 그리고 또 하나는 우리 회사와 거래한 고객사의 수, 즉 시장점유율 입니다.

> 현재 300개 기업이 채택하고 있습니다.

> 업계 시장점유율 55%입니다.

판매 실적이 있더라도 고객사 수가 적으면 충분한 신뢰를 얻을 수 없습니다. 그만큼 고객사의 수나 시장점유율을 숫자로 말하는 것이 중요합니다.

숫자를 활용할 수 없는 상황에서 효과적으로 대응하는 법

실제로 판매한 고객사의 수가 적은 경우에는 어떻게 하

면 좋을까요? 여기에는 세 가지 방법이 있습니다.

먼저 하나는 지명도가 있는 회사나 학교, 지방자치단체와의 거래를 말하는 것입니다.

"OO 대학에 시스템 도입을 진행했습니다."
"××시의 프로젝트를 맡아 수행했습니다."

다음으로, 실제 고객에게 감사의 인사를 실명으로 말하는 것입니다.

"△△사의 인사부장 OOO님께서 인사 평가 작업 기간을 2개월로 단축할 수 있어 큰 도움이 되었다고 감사 인사를 전했습니다."

세 번째는 표창이나 랭킹을 언급하는 방법입니다.

"이번에 중소벤처기업부가 인증하는 발전하는 기업 300사에 우리 회사가 기업 표창을 받았습니다."
"우리 회사가 IT 부문이 선택한 사용 편의성 랭킹 1위에 뽑혔습니다."

이 경우에도 실적을 숫자로 이야기하면 설득력이 높아

집니다. 또한 첫 대면에서는 자사 소개가 아니라 고객사의 실적을 숫자로 말해야 합니다. 우리 회사를 통해 고객사가 얻은 성과를 숫자로 바꾸어 말하는 과정을 거치면 상대방은 우리 회사와 거래하는 메리트를 이해할 수 있게 되는 것이죠.

만약 아직 고객사의 거래 실적이 적을 때는?

① 지명도가 있는 회사나 학교, 지자체의 실적을 말한다

> "○○대학의 시스템 도입을 진행했습니다."

> "××시의 프로젝트를 맡아 수행했습니다."

② 실제 고객의 목소리를 실명으로 말한다

> "△△사의 인사부장 ○○○님으로부터, 인사평가 작업기간을 2개월 단축할 수 있어 큰 도움이 되었다는 감사 인사를 받았습니다."

③ 표창이나 랭킹을 인용해서 말한다

> "중소기업청이 인증하는 '약진하는 300사' 기업 표창을 받았습니다."

> "IT 부문이 선택한 '사용 편의성 랭킹 넘버 1'에 뽑혔습니다."

저렴한 가격을 팔지 말고
고객사의 이익을 팔아라

염가 판매는 NG

컨설팅 사업을 한다면 다음 A와 B 가운데 어느 쪽이 더
고객을 설득할 수 있다고 생각하나요?

A 적자를 볼 각오로 깎아드리겠습니다.
가격으로는 어디에도 지지 않습니다.
꼭 우리 회사와 계약을 해 주십시오.

B 저희 컨설팅을 이용하시면 8,000만 원의
비용으로 10억 원의 이익을 얻을 수 있을
겁니다. 어떠신가요?

저렴하게만 팔아서는 안 됩니다. 그러면 상대가 가격을 깎아달라는 요구만 더 제안하게 만들 뿐이죠. 요구가 강해질수록, 회사의 이익은 사라지고 나도 지치게 됩니다. 저렴하게 파는 대신 우리 회사의 서비스를 통해 고객의 기업이 '얼마나' 이익을 얻을 수 있는지를 숫자로 말하세요. 거래처의 상대방은 자신의 회사가 이득인지 아닌지만 생각할 테니까요. 본인이 회사에서 좋은 평가를 받기 위해 조금이라도 싸게 사려고 할 뿐입니다. 말하자면, 개인 쇼핑이든 비즈니스 가격 협상이든 최대한 이득을 보려는 '딜 게임(Deal Game)'이라고 할 수 있습니다.

한 번 시작된 가격 인하 요구는 멈추지 않는다

비즈니스에서 딜 게임은 두 가지 관점이 있습니다. 하나는 바로 구입 가격입니다. 어쨌든 싸게 사면 승리인 셈이죠. 두 번째는 구매 항목이 자사에 얼마나 플러스, 마이너스가 되는지를 따지는 것입니다. 한 가지 명심해야할 점은 관점을 구입 가격에만 놓고 딜 게임을 하면 안 된다는 겁니다. 그러면 고객은 딜 게임에서 이기기 위해 오로지 가격 인하만을 요구하게 되겠죠. 이 경우 우리 회사의 이익은 줄어들고 마침내 고객이 요구한 가격대로 받아들여 적자를 감내해야 할 수밖에 없습니다. 이 상황에서는 상대방을 이기게 해주면서, 동시에 우리 회사도 돈을 벌 수 있는 방법은 없습니다. 그러니 무심코 이런 대사가 입에서 튀어나오지 않을까요?

"여기서 더 가격을 내리면 우리 회사는 적자입니다."

그런데 사실 이 대사가 상대방의 가격 인하를 가속화시키는 말이라면? 적자든 아니든 상대는 우리 회사의 숫자에는 관심이 없다는 것을 꼭 명심해야 합니다. 중요한 말이기 때문에 한 번 더 반복하겠습니다.

상대는 우리 회사의 숫자에는 관심이 없다.

상대가 신경 쓰는 것은 오직 '자기 회사의 숫자' 입니다. 만약 고객이 자기 회사의 목표와 숫자를 잘 모른다면 당장 눈앞의 가격에만 주목하게 됩니다. 그래서 끝도 없이 가격 인하만 계속 요구하는 것입니다. 여기서 팩트는 내가 스스로 상대를 가격인하게임에 끌어들이고 있다는 사실입니다. "싸게 해드리겠습니다." 혹은 "이 가격이면 어디에 내놓아도 뒤지지 않습니다."처럼 가격 위주로 말하다 보면, 어느새 거래는 가격이 전부가 되어 있을 겁니다. 딜 게임을 다른 관점으로 바꿀 필요가 있다는 의미죠.

구입가보다 얻을 수 있는 이익에 주목하게 하라

그렇다면 관점을 바꾸기 위해서 어떻게 해야 할까요? 한마디로, '상대방의 이득'을 숫자로 말하게 하는 겁니다. 내가 제시한 서비스를 구입하면, 상대는 '얼마나' 이익을 얻을지를 계산해서 숫자로 말하는 것이지요.

"저희 컨설팅을 통해 10억 원의 추가 이익을 기대하실 수 있으십니다. 이 금액은 저희 신규 사업을 통해 얻는 6억 원의 영업이익과 광고비 삭감 4억 원을 합한 금액이고요. 컨설팅 비용은 8천만 원이기 때문에, 9억 2천만 원의 이익을 얻을 수 있습니다."

라고 해봅시다. 제안한 대로 9억 2천만 원의 이득을 보지만, 계약이 성사되지 않으면 이득은 '제로'이며, 결정은 상대의 몫으로 만드는 겁니다. 상대 회사에 '얼마나'의 이익을 기대할 수 있는지를 숫자로 말하면 상대방도 만족시킬 수 있고, 우리 회사도 돈을 버는 일석이조의 계약으로 만들 수 있습니다.

싸게 팔기만 한다면 상대가 가격을

깎아달라는 요구만 더 제안하게 만들 뿐이다.

싸게 파는 대신 고객의 기업이

'얼마나' 이익을 얻을 수 있는지를 숫자로 말하라.

숫자의 마법 24

선택받고 싶다면
'1'을 사용해서 말하라

'넘버 원, 온리 원, 제로 투 원(Zero-to-One)'으로 말하라

"우리 회사는 ○○분야의 **넘버 원**으로 자리잡았습니다."

"우리 회사는 ○○의 가치를 실현하는 **온리 원** 기업으로 인정받고 있습니다."

"우리 회사는 ○○를 국내 최초로 출시하며 **제로 투 원**을 실현했습니다."

2부에서도 언급했듯이 '넘버 원', '온리 원', '제로 투 원'과 같이 '1'을 사용한 숫자는 비즈니스에서 강력한 메시지를 전달합니다. 이유는 간단합니다. '1'은 최고의 위치를 상징하며, 비즈니스에서 가장 돋보이는 숫자이기 때문이죠. 반대로 1이 아니라면 누구든 쉽게 선택 받기는 어려운 시대가 바로 코앞까지 다가왔습니다. 글로벌 기업인 GE에서 제가 일하던 세계 3위 사업을 매각시킨 적이 있습니다. 사업이 팔릴지의 여부는 둘째 치고, 일단 넘버 원 기업은 넘버 투 이하에 비하면 압도적인 차이점이 있죠. 바로 안정된 매출과 가격경쟁력, 그리고 브랜드파워 입니다. 사실 그 장점을 하나씩 전부 따져 보자면 끝이 없고요.

또, 기업의 넘버 원 분야 말고도 '우리 회사 뿐(온리 원)'이나 '국내 최초(제로 투 원)'에도 큰 가치가 있습니다. 다른 것과 비교가 안되니 고객은 결국 '온리 원'과 '제로 투 원'을 선택할 수밖에 없죠. 온리 원이나 제로 투 원이라는 타이틀은 때로는 넘버 원 이상으로 강력합니다. 뭐가 되었든, 이런 타이틀이 우리 회사에 있다면 선택받기 위해 고생하지 않아도 된다는 것이 솔직한 심정입니다. '넘버 원' '온리 원' '제로 투 원'을 어떻게 만들 것인지 '숫자로 말하기'라는 틀 안에서 한 번 생각해 봅시다.

경쟁하지 않고 넘버 원이 되는 법

'넘버 원' '온리 원' '제로 투 원'을 숫자로 말하려면, 우선 어떤 것을 목표로 삼고 싶은지를 결정해야 합니다.

·**넘버 원의 경우** : 경쟁자가 있는 곳에서 1위가 된다
·**온리 원의 경우** : 달리 대체할 수 없는, 단 하나의 유일한 존재가 된다
·**제로 투 원의 경우** : 아무것도 없는 곳에서 새로운 것을 창조한다

다음으로, 우리 회사의 '넘버 원', '온리 원', '제로 투 원'을 찾아내어 숫자로 말하면 되는데, 사실 여기에는 중요한 포인트가 있습니다. 바로 '경쟁하지 않는 것'입니다.

경쟁하지 않으면 일인자가 될 수 없지요. 하지만 숫자로 말한다면 경쟁하지 않고도 '넘버 원'을 차지할 수 있습니다. 한마디로 말해, 우리 회사가 1위를 차지 수 있는 영역을 찾아내고, 그걸 1위라고 말하면 됩니다. 알고 나면 '뭐가 이렇게 쉬운가'라는 생각이 들겁니다. 하지만 실천하는 사람은 극히 일부이죠.

그 중 가장 알기 쉬운 영역 한 가지는 '장소'입니다.

"서울에서 가장 넓은 서점입니다."

"한국에서 가장 북쪽에 있는 인쇄 회사입니다."

그 이외에도 합리적인 가격이나 입소문의 수, '역에서 가장 가깝다'는 장점, 혹은 각종 시상식에서 1위를 차지한 것도 넘버 원이 될 수 있죠. 온리 원이나 제로 투 원이라는 타이틀도 이 방법을 활용할 수 있습니다.

"서울에서 유일하게 세계적으로 인정받은 별빛 명소가 있습니다."

"대구 최초로 밀가루를 사용하지 않는 베이커리입니다."

사실 '넘버 원'과 '온리 원', '최초'를 내세우는 것은 점점 더 중요해지고 있습니다. 왜냐하면 AI가 '1'만을 선택하기 때문이죠. 예를 들어 아마존(Amazon)사의 인공지능 스피커 '에코'의 경우를 봅시다. 모두가 알다시피 인공지능을 갖춘 스피커는 매우 편리합니다. 좋아하는 음악을 틀어주거나, 내일 날씨에 대해서 알려주기도 하고요. 물론 쇼핑도 할 수 있습니다. 말만 해도 과자나 세제같은 생필품을 온라인에서 주문해 주기도 하고요.

그런 인공지능이 '넘버 원', '온리 원', '제로 투 원'과 어떤 상관관계가 있을까요? 에코 같은 인공지능은 이용자를 대신해서 수많은 선택지 중 가장 최고인 한 가지만을 선택해 줍니다. 반대로 말하자면, 최고인 하나 이외에는 선택되지 않는 것이지요. 이용자는 2위 이하의 존재를 알 수조차 없습니다. 인공지능은 단순한 선택을 하면서 1위와 나머지 순위 사이를 압도적인 차이로 만들어 버리니까요.

이런 시대에 살아남기 위해서라도 회사는 '넘버 원' '온리 원' '제로 투 원'이어야 할 필요가 있습니다. 자신만의 강점을 찾아 그 분야에서 1등임을 자처하고, 강조해야 합니다. 가장 간단하고 뛰어난 숫자 1은 그만큼의 설득력이 있으며, 그렇기 때문에 사람들의 선택을 받습니다. 사람을 움직이는 강한 힘을 가지고 있는 것이지요.

비즈니스에서 강력한 메시지를 전달하려면

'넘버 원'과 '온리 원', '제로 투 원'을 사용하라.

머리보다 몸이
먼저 반응하게 하라

감정을 격하게 흔들고 밀어붙여라

A 당신의 체지방률은 30%입니다. 표준체중을 목표로 20%까지 줄이세요.

B 이 모형처럼 무겁고 울퉁불퉁한 체지방을 10개 이상 몸에 지니고 하루하루 생활하고 계신거나 다름없어요.

좀처럼 결단을 내리지 못하는 고객을 움직이기 위해서는 숫자만으로는 부족합니다. 그럴 때는 오감을 자극하여 고객의 감정을 격하게 흔들어 주어야 합니다. 그러면 고객은 첫걸음을 내디딜 수 있는 뒷심을 발휘할 수 있습니다.

이 이야기는 한 때 몸무게가 100킬로를 넘어갔던 저의 체험 담입니다. 예시의 A는 실제로 의사가 건강 검진 결과를 설명할 때 들었던 조언입니다. 이 말을 듣고도 행동에 옮기지는 않았었죠. 반면 B는 제가 35킬로 감량에 성공할 수 있었던 핵심 한마디였습니다. 지방 덩어리 모형을 보니 의사의 말이 마음에 쿡쿡 박혀서는 100킬로가 넘는 거구에서 날렵한 마초로 대변신을 하게 되었죠. 이렇게 숫자만으로 부족할 때는 눈으로 보거나 만져 보는 '오감'의 힘을 활용하면 사람은 행동하게 됩니다.

볼 수 없고, 만질 수 없는 지방은 줄일 수 없다?

"지방이 많으면 성인병에 걸릴 위험성이 높아지기 때문에 줄여야 해."

건강 검진을 할 때나 헬스클럽에서 체지방률을 측정한 경험 다들 있으실 겁니다. 연령에 따라 다르지만 체지방률은 남성이면 20퍼센트, 여성이면 30퍼센트를 넘지 않도록 해야 한다는 말을 듣습니다. 우리는 머리로는 이해할 수 있어도 좀처럼 행동의 첫걸음을 내딛지는 못합니다. 왜 그럴

까요? 체지방은 눈에 보이지 않기 때문입니다. '체지방률
이 30퍼센트'라고 해도 솔직히 실감하기는 어렵습니다. 지
방을 몸에서 잘라내어 직접 볼 수도, 만질 수도 없으니까요.
보이지도 않는 체지방을 줄이기 위해 힘든 운동을 계속하거
나 맛있는 식사를 참아야 합니다. 정말이지 못 본 척, 모르
는 척하고 싶은 법이죠.

그럼 못 본 척 하지 못하게 만들려면 어떻게 하는 것이
좋을까요? 바로 체지방을 눈앞에 보여주는 방법입니다. 만
지게 하거나 냄새를 맡게 하는 등 오감에 호소하는 것이죠.
B는 2004년, 그러니까 제가 큰 마음을 먹고 살을 빼려고
비만 관리센터 문을 열고 들어선 날 처음 들은 말이었습니
다. 당시 저는 다이어트와 요요를 반복하면서 근육 트레이
닝과 에어로빅, 사과 다이어트, 테이프 감기부터 심지어 귓
구멍 자극까지 온갖 다이어트를 시도해보곤 했었죠. 그러
다 인생에서 처음으로 100킬로를 넘은 저는, 어느 날 '이제
여기밖에 없다'는 생각으로 비만 센터의 문을 두드렸습니
다. 체중 측정은 물론, 배 주위를 비롯한 전신 사이즈를 측
정한 뒤 체념하는 마음으로 상담실에 들어갔습니다.
핫케이크 믹스를 휘저어 굳힌 것 같은 커다란 스펀지 모

양의 물체가 노랗고 울퉁불퉁한 형태로 테이블 위에 올려져 있었습니다. 상담사가 갑자기 제게 그걸 들어보라며 건넸습니다. 의외로 너무 무거워서 다이어트용 아령인가? 하고 생각하는 찰나에 던진 상담사의 한마디.

"체지방 모형입니다. 고객님은 그걸 10개 이상 몸에 지니고 생활하고 있는 셈이에요."

울퉁불퉁하고 쓸모가 전혀 없어 보이는 비주얼과, 무게를 실감케 하는 촉각까지. 오감에 호소하듯 '지금 당장 시작해야 한다'고 재촉하면서 비만 관리 프로그램에 가입하도록 만들었습니다. 앞선 2부에서 숫자로 말하기 위한 팁으로 '얼마나'를 명확히 하라고 강조한 바 있습니다. 여기에 더욱 강한 설득력을 주는 것이 바로 '오감에 호소하는 것'입니다. 숫자로 말한 결과값에 촉각이나 미각처럼 오감을 자극한 이미지를 더욱 강화하면, 좀처럼 움직이지 않던 상대방도 움직이게 만들 수 있습니다.

지방 모형같이 직관적으로 알 수 있는 물체를 준비할 수 있다면 좋겠지만, 만약 어렵다면 상대방에게 친숙한 것이나 좋아하는 것을 사용해서 함께 말하는 것이 좋습니다.

"지금 고객님께서 사용하고 계신 PC보다, 500그램이나 가벼운 신상품이 나왔습니다. 매일 들고 다니는 컴퓨터가 페트병 하나를 뺀 것만큼 가벼워져요."

"오늘만 할인가로 7만 원에 드릴게요. 나머지 금액으로 유명 호텔의 '애프터 눈 티'를 우아하게 즐겨보시는 건 어떨까요?"

이처럼 결정을 망설이는 고객들을 움직이려면 숫자로 말하는 동시에 오감을 자극해야 합니다. 오감으로 감정을 흔들면, 숫자가 그 감정을 정당화시킬 수 있기 때문입니다. 숫자로 오감을 자극받은 고객은 마침내 미래를 향해 첫걸음을 내딛게 됩니다. 사실 그 비만 센터에는 제 결심을 더욱 굳건하게 만든 키워드가 하나 더 있었습니다. 바로 '10명 한정'과 '3개월 체험 모니터'였죠. 이와 비슷한 뉘앙스의 키워드로 '무료'와 '지금만'이 있습니다. 이 두 단어 또한 사람을 강하게 끌어들여 결정을 내리는 데 도움을 주지요. 이에 대해서는 다음 장에서 소개하겠습니다.

좀처럼 결단을 내리지 못하는 고객들을 움직이려면

숫자를 말함과 동시에 오감을 자극하여

고객들의 감정을 흔들어라.

"

고객을 끌어들이는
강력한 영업무기

사람들은 공짜를 놓치고 싶어 하지 않는다

A 저렴한 가격입니다. 특가예요.

B 지금만 무료예요. 내일부터는 정가 10만 원 입니다.

사람의 행동을 빠르게 움직이게 하기 위해서는 '무료'와 '지금만'만큼 가장 강력한 영업수단은 없습니다. 왜냐하면 사람은 돈을 지불하지 않고도 얻을 수 있는 기회를 놓치고 싶어 하지 않기 때문입니다. 텔레비전이나 인터넷 광고에서 흔히 볼 수 있는 '무료'와 '지금만'이 숫자라는 걸 눈치

채셨나요? 이것들은 '언제'와 '얼마나'를 숫자로 나타내는 또 다른 표현입니다. 우선 '얼마나'에 해당하는 숫자를 살펴보자면 당연히 '무료'는 0원입니다. 그리고 '언제', '지금만'이라는 표현은 기한을 나타냅니다. B에서 말하는 '지금만'은 오늘까지라는 뜻인거죠. 오늘이라면 0원에 가질 수 있지만, 내일은 10만 원이 되어 버립니다. 오늘과 내일 중 어떤게 이득인지는 말할 필요도 없겠죠. 그럼 왜 이 두 단어에는 이런 강력한 힘이 있는 걸까요? 바로 '무료'와 '지금만'을 통해 상대방의 스트레스가 사라지기 때문입니다.

두 가지 스트레스를 없애면 사람은 움직인다

돈을 지불하는 행위는 사람들에게 스트레스로 다가옵니다. 물론 스트레스를 느끼는 금액과 정도는 사람마다 다릅니다. 만 원 정도는 크게 신경 쓰지 않는 사람도 있고, 10원 단위도 깔끔하게 맞아떨어지지 않으면 기분이 풀리지 않는 사람도 있지요. 이렇게 사람마다 차이가 있지만, 일관된 사실은 금액이 적어지면 스트레스도 적어진다는 것입니다. '이 정도면 괜찮지 않을까' 하는 불안도 지불해야 할 가격이

싸지면 어느 시점부터 갑자기 사라지게 되지요.

그 시점이 바로 '무료'가 되는 시점입니다. 돈을 지불하는 스트레스를 느낄 필요가 전혀 없는 금액인 거죠. 받을지 말지만 선택하면 그만입니다. 무료로 나눠주는 서비스가 도저히 내키지 않는 것이 아니라면 대부분은 '일단 받아 두자'고 생각합니다. 오히려 돈을 지불하지 않고 손에 넣었다는 뿌듯함이 따라올 수도 있겠고요. 그래서 '음악 스트리밍 첫 3개월 무료' 혹은 '오늘만 감자튀김 무료'라는 멘트를 보면 마음이 움직이기 시작하는 것도 같은 이치이죠. 돈을 지불하는 스트레스 없이 이익을 얻게 되니까요.

또 하나의 스트레스는 기회를 놓치거나 손해를 본다는 생각에서 옵니다. 그래서 '지금만'이라는 말을 들으면, '만약 지금 결정하지 않고 기회를 놓치면 어떡하지'라는 생각에 무심코 타임세일에 반응하는 자신을 발견하게 됩니다. 나만 손해 본다는 생각에 큰 스트레스를 받게 되는 것이죠.

'오늘만 무료'로 감자튀김을 받을 수 있다고 가정해봅시다. 다른 사람들이 전부 다 받아가는 모습을 보면서 '다이어트 중이긴 하지만 나만 공짜 감자튀김을 포기할 수는 없지!'라고 생각하는 건 당연한 일입니다. 어쩌면 필요 없다고 대답하는 데에 더 용기가 필요할지도 모르겠고요. 어찌

됐건 무료 행사 덕분에 이익을 보았다는 뿌듯함을 느꼈다면 그것만으로 OK입니다.

무료 제공에는 장기적인 신뢰관계가 담겨있다

그런데 만약 내가 판매자의 입장이라면 무료로 제공하는 행위에 어떤 의미를 내포하고 있을까요? 바로 판매자가 판매하는 제품과 나눠 받은 고객 사이의 '장기적인 신뢰 관계'입니다. 무료 체험의 기회가 생긴 고객은 건네받은 상품과 서비스가 좋다고 믿게 됩니다. 그 신뢰를 기반으로 장기 고객이 되는 것이죠. 두 번째부터는 당연히 유료입니다.

만약 무료 체험을 해 본 고객이 곧바로 충성고객이 되지 않는다고 하더라도 괜찮습니다. 소비자들은 무료 체험이 좋았다고 느끼면 다른 사람에게도 말하고 싶어지는 것이 당연한 일이니까요. 무료로 좋은 체험을 한 고객이 상품과 서비스를 홍보해주는 셈입니다. 하지만 언제까지나 무료 행사만 진행할 수는 없지요. 그럴 때, '지금만'을 사용해야합니다.

'지금만 무료'로 판매할 때, 한 가지 주의해야 할 점이 있습니다. 바로 '지금만'을 솔직하고 성실하게 사용해야 한다는 점입니다. '오늘만'이라고 홍보해놓고 다음 날에도 '오늘만'이라고 써붙여 놓았다면, 전날 이미 체험을 경험한 고객은 속았다고 생각하게 되고 신뢰 관계에는 마이너스 이미지가 붙게 됩니다. 성실하게 사용하는 것 또한 '지금만'의 이유를 고객에게 설명할 수 있어야합니다. 예를 들어 회사 설립 20주년 기념 세일이나 식품 판매 기한이 오늘까지 라는 식의 구체적인 이유 말이죠. 고객이 납득할 수 있는 이유가 있어야 신뢰관계를 유지하는데 더 효과적입니다.

이렇게 신속하게 사람의 마음을 움직이기 위해서는 두 단어, '무료'와 '지금만'이 최고의 방법입니다. 이 두 단어를 기점으로, 고객과의 오랜 신뢰 관계를 쌓을 수 있습니다.

기본적으로 돈을 지불하지 않고도

기회를 얻고 싶어 하는 인간 심리를 이용하라.

5부

숫자로 한 걸음

더 나아가라

인정받는 것을 넘어 숫자를
인생 파트너로 만들어야 하는 이유

스토리가 숫자의 최강 파트너인 이유

숫자만으로는 차가운 존재?

A 1,000원당 1포인트를 적립하는 좋은 카드입니다.

B 1,000원당 1포인트 적립뿐만 아니라 당신과 함께 30년 후를 창조하는 마을 만들기 카드입니다.

당신이 새로 카드를 만든다면 A와 B 중 어느 쪽을 선택할까요? 물론 이익은 당연히 중요합니다. 하지만 지갑에 이미 이익이라는 숫자가 넘쳐나고 있다면 그것만으로는 부족합니다. 오직 숫자만 사용한다면 이익이나 점수가 그저 차가운 존재로만 느껴지기 때문이죠. 실질적으로 사람을 움

직이게 만드는 것은 숫자에 따뜻함을 부여해주는 '스토리'
입니다. 숫자는 이야기와 함께 풀어써야 진짜 힘을 발휘하
는 법이니까요.

숫자에 따뜻함을 주는 '스토리'

앞서 1부에서 소개한 디지털 지역화폐 '후크(HUC)'의 별
명이 바로 '현대판 목각 간판'이었습니다. 이 별명이 없었다
면 히가시카와 마을 전체까지는 확산되지 못했을 겁니다.
후크의 컨셉은 '디지털과 아날로그를 융합한 30년 후의 마
을'입니다. 이는 매우 유용한 포인트 카드로서, 가게에서 물
건을 사거나 건강 관련 이벤트에 자원봉사로 참여하면 포인
트를 받을 수 있는 시스템입니다. 또한 고향사랑 기부자에게
도 포인트를 제공하여 마을을 방문하도록 유도하는 수단이
되어 주었고요. 마을 만들기나 상점가의 활성화는 이익, 즉
숫자만으로는 오래 가지 못합니다. 오랜 세월동안 사람들이
지속적으로 참여하도록 유도하기 위해서는 '숫자'와 '스토리'
로 공감대를 형성할 '공통 언어'가 필요하죠. 히가시카와 마
을은 38년 전에 '사진 마을'을 선언하고 문화 예술 마을 만

들기 프로젝트를 추진해 왔습니다. 비슷한 시기에 상점가에서는 청년부를 중심으로 목각 간판을 만들기 시작했고요. 자연 친화적인 마을의 이미지를 나무의 따스함으로 표현하는 것이 그 목적이었습니다. 처음에는 프로젝트 내에 경험자도 없었을 뿐더러, 각 팀원들에게 주어진 기존 업무와 병행해야 했기에 시간의 어려움에 부딪혀야만 했습니다. 목각 간판을 매장에 걸자고 제안해도 매출이 증가하지 않으면 설득시키기가 여간 쉽지 않았죠. 또 '간판을 걸었다가 쓰러지기라도 하면 위험하다'거나 혹은 '가게 앞에 두면 방해가 된다'는 식의 반대의견과도 부딪쳐야 했습니다. 그럼에도 상점가는 마을의 얼굴이고, 목각 간판은 미래를 위한 마을 만들기의 상징이라고 생각하며 중단하지 않고 계속해 왔습니다. 그 결과, 100개가 넘는 동네 가게에 목각 간판이 설치되었고, 후크는 프로젝트가 끝날 때 까지 쉴 틈 없이 설치를 마칠 수 있었습니다. 이렇게 상점가를 중심으로 30년 이상 계속해 온 마을 만들기 프로젝트는 디지털 기술과 융합하여 이 다음의 30년 후와 연결하고 있습니다. 이런 생각들이 모여 '현대판 목각 간판'이라는 공통 언어가 되었죠. 단지 포인트를 통해 이익을 얻을 수 있다는 이유가 아니라, 마음이 담겨 있기 때문에 마을 사람들에게 사랑받고 있는 것이 아닐까요?

10년 후에 성공하고 싶다면
스토리 70퍼센트, 숫자 30퍼센트로 시작하라

숫자와 스토리의 조합은 비즈니스에서도 마찬가지로 중요합니다. 앞으로 당신이 경영자나 큰 프로젝트의 리더가 된다면 숫자만으로는 절대 충분하지 않습니다. 앞이 보이지 않는 미래를 향해 사람들을 동참하게 하는 데에는 스토리가 큰 역할을 한다는 사실을 기억해야 합니다. 이때 고려해야 하는 것이 이야기와 숫자의 '균형'입니다. 스토리만 있다면 현실감 없는 꿈 이야기가 되기 쉬워지고, 숫자만 가지고는 설레는 미래의 생생한 이미지가 전해지지 않죠. 그래서 기억해야 하는 것이 '10년 후에 성공하려면 스토리 70퍼센트, 숫자 30퍼센트로 시작하라'는 말입니다. 숫자나 고유명사 같은 '정확함'만 가지고는 사람을 계속해서 움직이게 만들 수가 없으니까요.

예를 들어 매출 0원에서 시작해 10년 후 1,000억 원을 목표로 할 때, "매출 달성을 위해 매년 100억씩 성장하겠다. 그래서 올해 목표치도 작년보다 100억을 높이겠다."고 말하면 이걸 듣고 정말 움직이는 직원이 몇이나 될까요. "10년 뒤 너희는 세상을 바꾼 선구자로 전 세계의 존경을 받을 것이며, 그때는 1,000억 원의 매출도 그저 하나의 통과점으로서 당연하다는 듯이 달성할 것"이라고 말한다면, 일상 업무에서 겪는 수고로움도 높은 목표를 위해 넘어갈 수 있습니다. 목표가 크고 먼 것일수록, 눈앞의 숫자보다 목표 지점에 섰을 때 보이는 경치를 상상하게 만들 수 있습니다. 그것이 바로 '스토리'입니다. 반대로 올해의 목표나 일상 업무처럼 가까운 미래일수록 숫자의 비율은 더욱 늘려야 합니다. 지금까지 이 책에서 소개한 '숫자로 말하기' 방법을 활용하는 것이죠. 이렇게 스토리를 더하면 숫자에 생명이 깃들게 되니까요.

자, 그렇다면 이 책을 읽으면서 '숫자'라는 이미지에 변화가 생겼나요? 이제 마지막으로 숫자를 인생의 파트너로 만드는 방법을 소개하겠습니다.

사람을 움직이게 만드는 것은

숫자에 따뜻함을 부여하는 '스토리'이다.

숫자는 이야기와 함께함으로써 진짜 힘을 발휘한다.

숫자를 내 인생의 파트너로

숫자는 당신이 원하는 것을 현실로 만든다

지금까지 일 잘하는 사람이 간단한 숫자로 결과를 얻는 방법에 대해 소개했습니다. 또한 숫자에 사실이나 스토리를 조합하면 더 큰 힘을 발휘할 수 있다는 것도 알려드렸고요. 그럼 이제 '숫자' 하면 떠오르는 이미지는 무엇인가요? 숫자는 어떻게 생각하고 사용하는 지에 따라 완전히 달라집니다. 마치 알라딘의 요술램프 같은 거라고나 할까요.

숫자는 원하는 것을 현실로 만듭니다. 단, 현실로 만들기 위해서는 두 가지 포인트를 염두에 두어야합니다. 먼저 첫 번째는 숫자를 적재적소의 상황에 맞게 잘 사용하는 것입니다. 2부에서 설명한 숫자의 마법을 익혀서 3부와 4부와 같이 활용하면 숫자를 잘 다룰 수 있게 될 겁니다.

두 번째는 숫자와 친구가 되는 것입니다. 숫자와 함께하는 시간이 즐거운가요, 아니면 괴로운가요? 아무리 숫자를 잘 사용할 수 있다 하더라도 숫자를 부정적으로 느낀다면 설령 요술램프에다 빌어 둔 소원이 실현된다 하더라도 불행해질 수 있습니다.

예를 들어 업계에서 일인자가 되겠다거나 혹은 100억 원을 벌겠다는 소망이 실현되더라도, 숫자와 친하지 않으면 그걸 잃어버릴지도 모른다는 두려움 때문에 불행한 나날을 보내게 되는 것처럼 말이죠.

숫자는 나에게 무서운 존재였다

사실 오랫동안 숫자는 저에게 '무서운 선생님'과 같은 존재였습니다. 저는 학창 시절 숫자는 학교에서 수업 때나 시험지에 사용하는 것이지, 사회인이 되면 필요 없다고 생각했었습니다. 그런데 첫 회사에서 해외 재무 담당으로 발령 받아 해외 생활을 하는 동안 아시아 외환위기의 격랑에

휩쓸리게 되었고 눈앞에 펼쳐진 두 개의 길 가운데 하나를 선택해야 하는 상황에 처하게 되었죠.

'완전히 숫자와 상관없는 삶을 살 것인가 혹은 숫자와 끝까지 맞설 것 인가.'

금융 위기 속에서 숫자의 무서움을 마주하고 일본으로 돌아왔지만 이미 지칠 대로 지쳐있었습니다. 솔직히 말하면, 숫자에 질려있었지요. 하지만 당시의 일본은 금융기관을 비롯한 대부분의 회사들이 매우 힘든 상황이었습니다. 살아남으려면 '세계를 호령하는 숫자를 익혀야만 한다'는 각오를 다지는 계기가 되었으니 말이죠.

잣대를 바꾸면 숫자는 친구가 된다

제가 처음 해외에서 생활 할 때 아시아 외환위기에 휘말려 숫자의 무서움과 마주했다고 설명한 바 있습니다. 이 공포는 이직에 성공하고 나서야, '숫자는 승리를 위해 없어서는 안 될 도구'라는 생각으로 바뀌었지요.

'넘버 원을 목표로 하자.'
'나는 반드시 출세한다.'

제 인생의 잣대는 항상 위를 향해 있었습니다. 그러다 홋카이도 히가시카와라는 작은 마을에서 일하면서 숫자로는 측정할 수 없는 풍요로움이 있다는 것을 알게 되었고, 그 후 제 인생의 방향이 180도 바뀌게 되었습니다. 디지털 지역화폐 후크의 이용자를 1만 명 달성하자는 목표는 10만 명을 넘어서는 쾌거를 이루었고, '홋카이도에서 상수도가 없는 유일한 마을'이라는 부정적인 이미지를 '홋카이도에서 유일하게 주민 모두가 생수를 마시는 마을'로 바꾸기도 했습니다. 비교할 필요가 없는 온리 원이 이미 여기에 있었습니다. 게다가 마을 한 사람 한 사람이 다른 경험과 스킬을 가진 덕택에, 그 재능을 조합하는 것만으로도 제로 투 원은 계속 탄생했습니다.

잣대의 방향이 바뀌고 나니, 사실은 제 인생의 모든 장면에서 숫자가 제 자신을 지탱하고 있었음을 깨달았습니다. 돌이켜보면 처음엔 실수하지 않기 위해 딱딱한 숫자로만 말했지만, 어느새 차가운 숫자를 버리고 상대방에게 전달될 수 있는 따뜻한 숫자로 말하고 있었죠. 숫자를 친한

친구처럼 소중하게 여기고, 진심을 담아 말하니 사람들의
마음이 움직였습니다. 그리고 동료들 덕분에 비즈니스에서
도 커다란 성과를 낼 수 있었고요. 이것이 유학 경험도 없
는 홋카이도 출신 촌뜨기인 제가 글로벌 기업에서, 그것도
숫자로 비즈니스를 성장시키는 재무부의 최고 책임자 자리
를 천직으로 즐길 수 있었던 최대 비밀입니다.

현대 사회에서 숫자는 다른 사람들을 비교하는 잣대로
사용됩니다. 학교에서는 시험 점수로 비교되고, 체육 시간
에는 운동 기록으로 비교되는 것처럼 말이죠. 사회에 나와
서도 비교는 계속 이어집니다. 그러니 예전의 저처럼 숫자
를 그저 무서운 존재로 느낀다 해도 이상하지 않습니다. 하
지만 그렇다할지라도 꼭 알아야할 것이 있습니다. 숫자는
당신이 믿고 의지할 수 있는 인생의 동반자라는 것을요.

숫자를 파트너로 만드는 3가지 스텝

첫 번째는 먼저, '숫자를 파트너로 삼겠다'고 마음 먹어
야합니다. 숫자를 멀리하는 삶을 살 것인지, 과감히 손을
내밀 것인지를 결정하는 것이죠. 두 번째는 정확한 숫자가

아니더라도 심플한 숫자로 말하는 겁니다. 이 단계는 책에서 몇 번이나 강조한 부분이니 이미 잘 알고 있으리라 생각합니다. 마지막으로 숫자와 '자립적인' 관계를 만드는 것입니다. 숫자는 다수의 상황에서는 도움이 되겠지만, 그렇다고 인생의 모든 것을 맡겨서는 안 됩니다. 자칫 정신차려보면 숫자에 지배당한 자신을 발견할 테니까요. 예를 들어 '5년 이내 연 수입 2억 원'이라는 목표를 세우고, 달성을 위해 매일 노력한다고 가정해봅시다.

하지만 목표를 위해 숫자만이 전부라고 느낀다면 일을 너무 많이 한 나머지 건강을 해치거나, 숫자를 달성할 수 없다는 이유로 자신을 비난하고 스스로를 구석으로 몰아가 버리면서 역효과를 낳습니다. 이런 식이라면 인생을 숫자에 맡긴 채 사는 꼴이 될 겁니다. 숫자는 우리 삶을 행복하게 만드는 데 도움을 주지만, 무엇이 행복한 것인지는 알려주지 않습니다. 숫자는 무엇보다 풍요로운 삶을 살기를 바라죠. 앞으로의 인생 100년, 숫자를 평생의 동반자로 삼으면 풍요로운 삶을 기대할 수 있습니다.

숫자는 당신이 숫자를 어떻게 생각하느냐,

어떻게 사용하는가에 따라 완전히 달라진다.

마치 알라딘의 '요술램프'처럼.

    지금 호주로 향하는 비행기 안에서 지금까지의 여정을 돌이켜보고 있습니다. 우선 이 책을 들고 끝까지 함께 해준 당신에게, 진심으로 감사의 인사를 건네고 싶습니다.

    '숫자는 세계의 공통 언어'라는 것이 이 책의 중요한 테마입니다. 1+1=2. 이 사실은 전 세계 80억 명에게 동일합니다. 상상해 보세요. 당신이 어느 날 갑자기 무인도로 흘러들어가게 되었습니다. 그곳엔 먹을 것도 없고 어떤 위험이 도사리고 있을지 전혀 알 수가 없죠. 외톨이로, 불안과 절망에 짓눌려 죽을 것만 같던 몇 주가 지나고 같은 무인도에서 겨우 만난 외국인 한 사람. 외톨이 생활을 계속할 건가요, 아니면 모르는 상대와 손을 잡을 건가요?

비단 책이나 영화에서만의 이야기가 아닙니다. 갑작스러운 이직이나 이민, 새로운 비즈니스를 시작하거나 낯선 공동체에 참가해야 한다면? 게다가 상대방이 반드시 한국인이라고도 할 수 없습니다. 정말로 꿈에서도 만난 적이 없는 외국인일 수도 있고요. 어찌되었건 잘 알지 못하는 상대라도 숫자라면 통할 수 있습니다.

저는 철이 들 때부터, '상대방에게 피해를 주면 어떡하지', '상대방의 시간을 빼앗으면 어떡하지'라는 식의 압박을 느끼며 살았습니다. 친하지 않은 사람과 이야기를 나누는 것, 친한 친구일지라도 무언가를 부탁하는 것에 서투른 아이였죠. 그랬던 제가 혼자 호주로 가고 있습니다. 유네스코 국제회의에 초대되어 세계 지도자들과 의견을 교환하고 교류를 강화하기 위해서요. 실제로 만나본 사람이 아무도 없는 자리에서도 프레젠테이션은 물론, 필요하면 뭔가를 부탁하기도 합니다. 이전의 제가 가장 싫어하는 것들 말입니다. 오히려 지금은 설렙니다. 숫자라는 공통 언어를 사용하면 상대방과 나 자신에게 도움이 되는 이야기를 할 수 있음을 알고 있기 때문입니다.

간단한 숫자로 말하기 시작한 것은 액센츄어의 직속 상사 덕분에 시작 되었지만, 그 실천은 GE 시절의 리더들에게서 영향을 받았습니다. 제게 모범이 되어 준 리더들은 셀 수 없이 많았습니다. 꼭 다시 만나서 감사하다는 말을 전하고 싶습니다. 또, 갑자기 이주해 온 저를 넓은 품으로 받아 준 히가시카와 마을 상공회를 비롯한 마을 주민들에게도 정말 감사드립니다. 오랜만에 출판 기념회에서 많은 분이 축하 한다고 말씀해 주셨습니다. 이런 분들의 도움 덕분에 지금의 제가 있다고 생각합니다.

그리고 '숫자로 말하기'의 원점은 알고 보면 저의 부모님입니다. 곱셈 구구단은 초등학교 2학년 때 부모님께 배웠습니다. 어머니와 함께 슈퍼에 물건을 사러 가서 얼마인지 계산하는 것이 은근한 즐거움이었죠. 또 공통 언어로는, 영어도 빼놓을 수 없지요. 유학 경험도 없는 제가 외국인과 언어 장벽 없이 소통할 수 있었던 것은 초등학교 5학년 때 아버지가 영어 교과서를 매일 아침 가르쳐 준 덕분입니다. 이제는 직접 말로 감사의 마음을 전할 수 없기에 여기에 감사하는 마음을 기록으로 남기고 싶습니다. 사실 제 가장 가까이에서 숫자를 싫어하는 한 사람이 있습니다. 저는 숫자로 일을 하고, 집에서도 무심코 숫자로 말합니다. 게다가 늘 새로운 도전을 추구하는 탓에 안정감을 주지도 못하죠. 그런 저와 항상 함께 있는, 숫자에는 서툴지만 가장 사랑하는 아내에게 이 한 권의 책과 진심으로 고맙다는 말을 건네고 싶습니다. 숫자와 친구가 되어 업무에서 성과를 낸다는 것, 그리고 눈앞의 또는 앞으로 만나게 될 소중한 사람과 함께 행복하고 안심이 되는 나날을 보내는 것. 이 책이 당신의 행복한 하루에 조금이라도 도움이 된다면 저에게 그보다 기쁜 일은 없을겁니다.

숫자로 말하라

초판 1쇄 2025년 3월 19일

지은이 사다이 요시노리
옮긴이 임해성
펴낸이 허연
편집장 유승현 **편집1팀장** 김민보

책임편집 장현송
마케팅 한동우 박소라 구민지
경영지원 김민화 김정희 오나리
디자인 김보현 한사랑

펴낸곳 매경출판(주)
등록 2003년 4월 24일(No. 2-3759)
주소 (04557) 서울시 중구 충무로 2(필동1가) 매일경제 별관 2층 매경출판(주)
홈페이지 www.mkpublish.com **스마트스토어** smartstore.naver.com/mkpublish
페이스북 @maekyungpublishing **인스타그램** @mkpublishing
전화 02)2000-2631(기획편집) 02)2000-2646(마케팅) 02)2000-2606(구입 문의)
팩스 02)2000-2609 **이메일** publish@mkpublish.co.kr
인쇄·제본 (주)M-print 031)8071-0961
ISBN 979-11-6484-756-3(03320)